Boris Hänßler

Als wir zum SURFEN noch ans MEER gefahren sind

Unser Leben vor dem Internet

Kiepenheuer
& Witsch

MIX
Papier aus verantwor-
tungsvollen Quellen
FSC® C083411

Verlag Kiepenheuer & Witsch, FSC® N001512

2. Auflage 2016

Umschlaggestaltung: Sabine Kwauka
Umschlagmotiv: © Heike Riemer/Süddeutsche Zeitung Photo
Gesetzt aus der Apollo und der Cooper Black
Satz: Buch-Werkstatt GmbH, Bad Aibling
Druck und Bindung: CPI books GmbH, Leck
ISBN 978-3-462-04874-2

Inhalt

Einleitung

Es begann mit einem Song auf Spotify.

Ich spülte gerade Geschirr und wählte die dazu passende Playlist »Gute-Laune-Songs«. Eins der Lieder war der Sommerhit *All Summer Long* von Kid Rock.

> *Wir tollten auf einer Sandbank herum, redeten am Lagerfeuer über die einfachen Dinge im Leben. Wir hatten kein Internet. Ich werde nie vergessen, wie das Mondlicht auf ihr Haar schien.*

Kid Rock ist ungefähr so alt wie ich, und ich wurde wehmütig, als ich den Text sang. In mir kamen Bilder hoch: wie wir am Badesee gelegen und uns am späten Abend entspannt um ein Lagerfeuer versammelt hatten. Doch irgendetwas an den Erinnerungen kam mir seltsam vor. Ich überlegte und überlegte, und plötzlich fiel mir der Grund ein. Wir hatten stundenlang herumgelegen, ohne dass ein Junge oder ein Mädchen zu einem Smartphone gegriffen hätte.

Es war die Prä-Internet-Ära. Wir waren unter uns, und was wir taten, blieb unter uns.

Von jener Zeit handelt dieses Buch.

Als ich das erste Mal ins Internet ging, war ich Anfang zwanzig. Damals blinkten mich vor allem bunte Schriften auf chaotischen Homepages an, weil die Datenübertragung für Bilder und Videos zu langsam war. Die Homepage war wie eine Fortsetzung von Videotext. Der Unterschied war, dass jeder, der Lust dazu hatte, eine Internetseite gestalten und ins Netz stellen konnte.

Nach und nach tauchten Fotos und Videos im Internet auf. Nachrichtenportale kamen, Blogs, Onlineshops und soziale Netzwerke, schließlich Smartphones und Tablets. Das Netz wurde mit jedem dieser Schritte interessanter, und ich verbrachte immer mehr Arbeitszeit und Freizeit online.

Ich möchte das Internet nicht missen, weil es unglaublich viel erleichtert hat. Ein kleines Beispiel: Der Fußballtrainer meiner Kinder kann über WhatsApp kurzfristig alle Eltern darüber informieren, dass ein geplantes Spiel wegen starken Regens ausfällt. Früher brauchten wir Telefonketten. Die Eltern telefonierten sich gegenseitig ab und falls dabei jemand ausgelassen wurde, was gelegentlich vorkam, stand er auf einem leeren, matschigen Bolzplatz.

Das Netz bietet uns Konsumenten eine riesige Auswahl, wir können Kritik an Produkten und Unternehmen äußern, wir können auf Twitter eine Bewegung initiieren, die in der Politik und in den Medien schneller Gehör findet als Straßendemos. Im Internet entdecke ich Musik, Bücher und Filme, zu denen ich früher keinen Zugang hatte. Wenn ich Sport machen oder etwas unternehmen möchte, finde ich Gleichgesinnte – ich finde Joggingstrecken, Wanderwege, Restaurants und Urlaubsziele, auf die ich nie gekommen wäre. Ich kann mich in Onlinespielen mit anderen Leuten messen, in einen Avatar schlüpfen, witzige Videos angucken und Blogs und Magazine zu allen erdenklichen Themen lesen. Und ich treffe Bekannte wieder, die aus meinem Leben verschwunden waren.

Aber das Netz hat auch eine irreale Seite.

Schon vor dem Internet habe ich viel Zeit am Computer verbracht, zum Beispiel mit Adventure Games wie *King's Quest*. Dieses Spiel bekam ich zu Weihnachten geschenkt und ich zog mich an den folgenden Tagen in mein Zimmer zurück. Dort erlebte ich sagenhafte Abenteuer in Gestalt des Sir Graham, der im Auftrag eines Königs drei verlorene magische Schätze suchen musste, um das Königreich vor dem sonst sicheren Untergang zu bewahren. Alle Gefahren meisterte ich im Alleingang.

Aber ehrlich gesagt weiß ich nichts mehr darüber. Ich kenne den Namen des Spiels noch, ja, und ich sehe mich am Computer sitzen, aber wenn ich es nicht nachgeguckt hätte, wäre ich nicht in der Lage gewesen, auch nur einen Satz zur Handlung zu schreiben. All diese Stunden am Computer, die Spaß machten – ich habe sie fast vergessen.

In diesem Buch werden Sie deshalb solche Episoden aus meinem Leben nicht finden. Sie werden lesen, wie ich in Telefonzellen um Worte rang, mit Freunden bei Regen auf einem Berg fror, in einem Bunker nach alten Kriegern suchte, mit VHS-Kassetten Gefechte austrug und in Portugal fast von Hunden zerfleischt wurde.

Ich erinnere mich an Gespräche mit Freunden und Bekannten – hitzige Gespräche, liebevolle, unterhaltsame und tiefsinnige. Viele alte Briefe habe ich aufgehoben, alte E-Mails hingegen gelöscht.

Warum ist das so?

Erinnerungen sind an Gegenstände und Orte gebunden – und das Netz ist kein Ort.

Der amerikanische Psychoanalytiker James Hollis schreibt, damit wir glücklich und erwachsen werden, müssen wir uns das Leben wie eine Schifffahrt auf einem Meer vorstellen. Wir reisen mit Abenteuerlust in unbekannte Welten, in denen wir weder die Strömungen kennen, noch die Lebewesen, die in den Tiefen unter uns weilen. Vielleicht stoßen wir auf Neuland, vielleicht kommt ein Sturm auf, der eine gewaltige Welle auf uns wirft, vielleicht sterben wir. Mit dieser Gefahr und mit dieser Unsicherheit müssen wir leben. Jede Herausforderung, die wir meistern, stärkt uns. Bleiben wir in der sicheren Nähe eines Ufers, bleiben wir Kinder. Wir behalten alles unter Kontrolle und verlassen uns auf andere, die uns zur Not retten.

Das Netz erlaubt mir scheinbar diese Kontrolle. Wenn ich Fragen habe, googele ich. Wenn ich unangenehme Nachrichten zu verkünden habe, schreibe ich E-Mails. Wenn ich eine unbequeme Meinung äußere, bleibe ich lieber anonym. Wenn ich verreise, plane ich die Route durch, und wenn ich etwas kaufe, versichere ich mich, dass möglichst viele Kunden das Produkt getestet haben und gut finden.

Natürlich gibt es im Netz unangenehme Konfrontationen, aber seltsamerweise wachse ich an ihnen ebenso wenig wie an den Abenteuern in Computerspielen. Einen Baum zu erklimmen, hört sich banal an, aber es befriedigt Kinder mehr als zwanzig gefährliche Monster am Bildschirm zu erledigen – obwohl auch das Geschick fordert. Es ist ein anderes Gefühl. Das ganze Leben ohne Internet war ein anderes Gefühl.

Die Geschichten in diesem Buch sollen dieses Lebensgefühl noch einmal aufleben lassen. Es ist Zeit, noch einmal darüber nachzudenken, was wir davon bewahren möchten und was wir getrost in das Reich der Geschichte verbannen dürfen.

Statt ein klassisches Sachbuch zu schreiben, habe ich mich für einen erzählerischen Ansatz entschieden. Dazu habe ich Gespräche geführt und recherchiert, meine Erinnerungen durchwühlt und versucht, all dies zu einem authentischen Bild unseres Lebens – meines Lebens – vor dem Internet zusammenzustellen.

Bei den persönlichen Erinnerungen habe ich mir viele Freiheiten erlaubt. Es gibt zwar in meinem Umfeld Menschen, die so heißen wie in diesem Buch, aber dennoch handelt es sich hier um Mischfiguren aus verschiedenen echten Freunden. Ich habe bei den Anekdoten Chronologie und Orte der Ereignisse verändert, damit die Erzählungen in sich stimmig sind. Die Erinnerungen habe ich mit Fantasie ausgeschmückt und einige Dialoge zugespitzt – doch die Geschichten haben einen autobiografischen Kern.

Das Buch erhebt also keine wissenschaftlichen Ansprüche. Es ist eine erzählerische Reflexion über die alltäglichen Veränderungen, die mit dem Internet über mich hereingebrochen sind.

Am besten vergleichen Sie dieses Buch mit einem kubistischen Gemälde.

Der Kubismus kam zu Beginn des 20. Jahrhunderts auf. Die Maler des Kubismus, zum Beispiel Pablo Picasso und Georges Braque, waren der Ansicht, dass es Unsinn ist, zum Beispiel einen Stuhl einfach abzumalen, als wäre das Gemälde ein Foto. Damals gab es schon Fotografie, und die konnte das besser. Nein, ein Gemälde sollte nicht den Stuhl, sondern die Idee des Stuhls darstellen.

Ich hole ein bisschen weiter aus. In den Neunzigern arbeitete ich in einer Behörde des Umweltschutzes. Einmal die Woche fuhr ich mit einem Fahrer dieser Behörde zu verschiedenen Luftmessstationen. Damals hatten wir kein Internet, wir mussten daher die Messdaten vor Ort ablesen und notieren. Auf dem Rückweg einer dieser Fahrten hielt mein Fahrer plötzlich an und sagte, er kenne hier ein Museum für Stuhldesign. Ob wir das nicht besuchen wollen?

(Vermutlich werden Sie sich jetzt fragen, was ein Museumsbesuch mit der Arbeit einer Umweltbehörde zu tun hat? Selbstverständlich nichts. So eine dumme Frage können Sie nur stellen, wenn Sie nicht bei einer Behörde arbeiten.)

Die Designobjekte sahen unterschiedlich aus – altertümliche, schwere Eichenstühle, leichte minimalistische Aluminiumstühle. Aber sie alle waren Stühle, und wir erkannten das sofort. Wenn wir einen Stuhl sehen, wissen wir, wofür er gut ist: Wir sehen nicht nur eine Fläche und drei oder vier Beine. Nein, wir wissen umgehend, was wir damit machen können, nämlich uns setzen. Selbst wenn wir den Stuhl nur von einer Seite sehen, haben wir eine Vorstellung davon, wie der Stuhl von hinten, von oben und unten aussieht, wie schwer er ist und wie er sich anfühlt.

Die Kubisten sagten deshalb, um die Idee eines Stuhles zu malen, müssen wir den Stuhl aus unterschiedlichen Perspektiven malen und auch die Idee des Sitzens einbringen – und zwar alles in ein Gemälde. So entsteht kein fotografisches, sondern ein geistiges Abbild des Stuhles, eine Art Collage. Dieses Buch ist so eine Collage.

Also schnallen Sie sich an. Denn ich nehme Sie im ersten Kapitel gleich mit auf eine Autofahrt. Ohne GPS.

Mit dem WAGEN
durch NIMMERLAND

Bei Autofahrten benutze ich ein Android-Smartphone und die Navigationssoftware Google Maps. Seither habe ich verlernt, wie ich von A nach B komme, ohne dass mir eine nüchterne Stimme in abgehacktem Deutsch Anweisungen gibt – als wäre die Sprecherin meine Chefin.

»Ich muss mal in den Supermarkt«, sage ich oft und klemme das Smartphone in eine Halterung, die per Saugknopf an der Windschutzscheibe klebt, damit mich Googles elektronische Assistentin sicher auf den 500 Meter entfernten Parkplatz des Marktes geleitet. Es ist eine Damenstimme, dabei habe ich kürzlich gelesen, dass sich Männer hinter dem Lenkrad nicht gerne von einer Frau sagen lassen, wie sie zu fahren haben. Clifford Nass, ein Soziologe der Universität Stanford, fand 2013 Folgendes heraus: »Weibliche Stimmen wirken – im Durchschnitt – weniger intelligent als männliche.« Anscheinend ist diese Skepsis inzwischen der Erkenntnis gewichen, dass eine weibliche Roboterstimme allemal besser ist als endlos im Kreis zu fahren, weil wir Männer verlernt haben, auf Schilder zu achten oder uns kompliziertere Strecken zu merken als die von der Couch zum Kühlschrank und wieder zurück.

Als ich das Smartphone erstmals als Navi nutzte, stand ich zudem vor der Frage, wo ich das Ding im Auto überhaupt ablegen soll. Ich hatte noch keine Halterung, also legte ich es auf die Einbuchtung, die Autohersteller neben dem Lenkrad über dem Radio in die Kunststoffarmatur eingebaut haben und scherzhaft als Ablagefläche bezeichnen. Nur Gott weiß, was man dort ablegen kann. Das meiste fällt herunter, sobald man über einen Gullydeckel fährt.

Ich versuchte, am unteren Rand dieser circa fünf Millimeter tiefen Delle das Smartphone so auszubalancieren, dass es zumindest beim Fahrtantritt liegen blieb. Beim ersten Bremsmanöver auf der Autobahn rutschte es freilich bereits über die Kante und fiel in die Spalte zwischen Gangschaltung und Beifahrersitz, die übrigens exakt die Breite eines Smartphones hatte. Von dort unten gab das Gerät dumpfe, unverständliche Navigationsbefehle von sich, als hätte es einen Helm auf.

Während ich mit 130 Kilometern pro Stunde über die Autobahn fuhr, musste ich es fertigbringen, das Smartphone unter dem Beifahrersitz hervorzufingern. Dazu beugte ich den Oberkörper um 45 Grad nach rechts, hielt mich mit der linken Hand am Lenkrad fest, um nicht wie ein Sack Mehl umzukippen. Mein linkes Auge guckte gerade noch über die Armatur hinweg, sodass ich eine nahende Leitplanke zumindest ein paar Sekunden vor dem Aufprall erkennen und den heiligen Christophorus hätte verfluchen können.

Die rechte Hand streckte ich aus und wühlte zwischen dem Müll, der in der vergangenen Dekade unter dem Sitz gelandet war: ein Pappbecher, eine D-Mark-Münze und eine zerfädelte Musikkassette. Da ich nichts fand, was sich wie ein Smartphone anfühlte, steckte ich den Kopf fast unter den Beifahrersitz, sodass meine Haare abstanden und den Filzboden streiften. Ich fingerte mit beiden Händen das blöde Ding hervor, das mir nun frech erklärte, dass es eine neue Routenberechnung vorzunehmen gedachte.

Inzwischen war mein Auto wirklich in Richtung Leitplanke unterwegs, hinter der sich eine Talidylle mit Bächlein und Fachwerkmühle erstreckte. Beim Aufbeugen stieß ich mit dem Kopf gegen das Lenkrad, was mich Gott sei Dank wieder auf die richtige Spur brachte. Im Rückspiegel starrten mich zwei Beamte der Autobahnpolizei fassungslos an, so schockiert, dass sie vergaßen, das Blaulicht einzuschalten. »Was denn?«, rief ich. »Ihr seid so Eighties!«

In der Zeit vor dem Internet war das Autofahren nicht unbedingt einfacher. Damals nannten wir Navigationsgeräte »Beifahrer« und statt virtueller Karten gab es Falk-Stadtpläne. Namensgeber dieser Erfindung war der deutsche Kartograf Gerhard Falk. Die Legende besagt, dass Falk vergeblich versuchte, sich in einem vom Krieg zerstörten Hamburg zurechtzufinden und sich dabei über seinen unhandlichen Stadtplan ärgerte. Dabei kamen ihm zwei geniale Ideen: Machen wir ihn noch unhandlicher und sollen sich doch andere Menschen künftig noch mehr ärgern als ich.

So meldete Falk 1948 beim Patentamt seine neue Falttechnik an, die es dem Benutzer (altdeutsches Wort für »User«) erlaubte, in dem Plan wie in einem Buch zu blättern. Das Problem war, dass die Technik niemand kapierte.

Junge Menschen, die solche patentierten Pläne nicht kennen – obwohl es sie noch gibt – denken womöglich, dass man auf einen Falkplan schaut und sich alles von selbst erklärt. Aber wer sich nach einem natürlichen Leben wie dem der Amish People sehnt und deshalb fortan im Auto auf alle Technik, abgesehen vom Motor und der Blinkeranlage, verzichten möchte, sollte einen Faltplankurs absolvieren, ehe er zu einem wichtigen Termin losfährt.

Vom Navigationsgerät zu einem Faltplan zurückzukehren ist wie vom Rasierapparat zum Rasiermesser umzusteigen. Laien glauben, mit dem Messer schabt man sich fix die Bartstoppeln ab. Nein, es handelt sich um ein komplexes, altes Handwerk, das Männer wahrscheinlich erstmals in der Eisenzeit mit ihren Schwertern entwickelten, um einem Mammut das Fell abzuziehen.

Um also vom Apparat auf Klinge umzusteigen, sollte man ein scharf geschliffenes Rasiermesser kaufen. »Am besten gehst du in ein Fachgeschäft, um zu fühlen, wie es in der Hand liegt«, erklärte mir mein Friseur kürzlich. »Vor der Rasur musst du es auf einem Schweineleder-Schleifriemen abziehen. Den Schaum solltest du warm mit einem Rasierpinsel aus Dachshaar aufschlagen. Er muss zweieinhalb Minuten im Gesicht einwirken, danach lässt du das Messer in einem Winkel von exakt 35 Grad über die Wange gleiten. Es kann drei Monate dauern, bis du diese Technik ohne Blutverlust beherrschst.«

Beim Faltplan kann es sein, dass Sie die Technik nie beherrschen.

Ich erinnere mich an eine Fahrt mit meinem Beifahrer Alex, einem Freund von mir. Wir wollten von unserem süddeutschen Heimatort aus mehr als 300 Kilometer nach Köln fahren, um uns ein Konzert der britischen Band The Levellers anzuschauen. Alex war für die Interpretation der Karte zuständig, weshalb er, als wir uns Köln bereits näherten, im alphabetischen Verzeichnis den Straßennamen unseres Ziels suchte. Dort stand neben dem Namen die Abkürzung »B12«. Das war kein Kampfflugzeug, sondern es handelte sich um Koordinaten, die auf eine quadratische, kleine Fläche auf dem Plan verwiesen. Oben in der Leiste musste Alex bei »B« gucken, dann zwölf Felder runter gehen.

Die Zwölf war nicht auf der Seite, die Alex bereits aufgeschlagen hatte. Er erinnerte sich an Gerhard Falks Vision, den Plan wie ein Buch zu öffnen, und faltete los.

Ritsch.

»Oh«, sagte er und faltete zurück.

Zu Alex' Verteidigung: Es war November und schon früh dunkel draußen. Er drehte den Plan hin und her.

»Hmm«, sagte er.

Ritsch.

Die Geschäftsidee von Gerhard Falk war, Leute die Fahrpläne bei jeder Fahrt zerreißen zu lassen, damit sie sich, sobald sie in einer Stadt ankommen, einen neuen besorgen.

»Wann müssen wir runter?«, fragte ich und meinte die Autobahn. Wir waren auf einem dieser Kölner Ringe, welche die Kölner Verwaltung angelegt hatte, um Düsseldorfer kirre zu machen und weitläufig an der Kölner Innenstadt vorbeizulenken.

Alex ritschte weiter.

»So, ich glaub' ich hab's«, sagte er mit Erleichterung in der Stimme. »Wahrscheinlich funktionieren Faltpläne wie Pakete. Man muss sie aufritschen, um den Inhalt zu sehen.« Wir hatten den Plan extra für diese Fahrt neu gekauft.

Nach ein paar Sekunden sagte Alex: »Ich sehe nichts.« Er schaltete das Innenlicht unter dem Rückspiegel an.

»Ey! Lass es aus«, rief ich entsetzt, als ich statt der Straße meine grimmige Miene in der Frontscheibe sah. Ich knipste das Licht aus.

»Kannst du mir sagen, wie ich das ohne Licht lesen soll?«, sagte Alex laut.

Im Gegensatz zu Navigationsgeräten und Smartphones fehlte früheren Stadtplänen die Eigenbeleuchtung. Deshalb versuchte Alex den Plan im Licht der regelmäßig auftauchenden Straßenlaternen zu lesen. Ich schielte mit Sorge zu ihm rüber. Er schaute auf den Plan, auf ein nahendes Hinweisschild, auf den Plan, auf das Schild, Plan, Schild.

Als das Schild und die anschließende Abfahrt neben ihm vorbeirasten, sagte er. »Da hätten wir womöglich runtergemusst!«

Wir passierten eine weitere Ausfahrt, als er sagte: »Ehrlich gesagt, ich habe keine Ahnung, wo wir runter müssen!«

»Wozu haben wir die blöde Karte gekauft?«, sagte ich gereizt.

»Das ist ein Scheiß-Plan!«, sagte Alex.

»Du kannst ihn einfach nicht lesen!«, schrie ich.

»Dann guck doch selber nach, du Arsch!«, schrie er.

Er warf den Plan auf den Boden. Da der Plan dabei keinen Lärm machte, hob Alex ihn auf und schmiss ihn theatralisch gegen das Rückfenster.

»Vielleicht sollten wir jemanden fragen«, sagte ich und nahm die nächste Ausfahrt.

Wir fuhren durch eine Landschaft mit weitreichenden Mais- und Weizenfeldern, die durch Baumreihen getrennt waren, damit der eine Bauer beim anderen nicht abgucken konnte. Nach einer Weile entdeckten wir ein Parkplatzschild, das auf einen Feldweg verwies. Dort bogen wir ab und fuhren am Rand eines Walds entlang.

Wir überquerten eine alte Brücke, die über einen kleinen Bach führte. Da weit und breit kein Parkplatz zu sehen war, hielten wir an.

»Gib her«, sagte ich, als ich den Motor abstellte. Alex nahm den Plan vom Rücksitz und reichte ihn mir. Während ich mir die Haare raufte und die Karte studierte, stieg er aus und sammelte Steine und einen Ast. Alex schmiss den Ast auf der einen Seite der Brücke in den Bach und versuchte ihn auf der anderen mit den Steinchen zu treffen.

Es war schon fast halb neun. In Köln stand wahrscheinlich die Vorband auf der Bühne und wir hatten nicht einmal Tickets. »Wird nicht ausverkauft sein«, hatte der Veranstalter am Telefon vor ein paar Tagen gesagt. Eine Vorbestellung sei unsinnig. Die Band war nicht sehr bekannt.

Ich schaute nervös auf die Karte, dann auf meine Armbanduhr, auf Alex, die Brücke und den Wald. Der Plan war sinnlos, weil ich nicht wusste, wo wir waren. Ich schaute in den Himmel, damit mir die Sterne oder die Götter den Weg wiesen.

»Auf der Karte gibt es in Autobahnnähe keinen Wald«, rief ich zu Alex. »Das schaffen wir nicht mehr.«

Ich stieg aus und wollte Alex einen Vortrag über seine miserablen Navigationskünste halten, aber seine Steinchenwürfe und der leise plätschernde Bach beruhigten mich ein wenig. Schweigend lehnte ich mich an das Geländer der Brücke und suchte den Wald nach Lebewesen ab, die sprechen konnten. Es war eigentlich nett hier: Stille, Wasser, Bäume, angenehme Luft.

Heute zeigen mir Navigationsgeräte nur eine abstrahierte Landschaft. Trotzdem neige ich inzwischen dazu, die Repräsentation der Landschaft auf dem Bildschirm häufiger anzustarren als das Original. Ich erinnere mich an eine Karikatur, die ich im Internet fand. Darauf waren zwei Männer zu sehen, die von einer Aussichtsplattform auf den Grand Canyon schauten. »Das ist ja fast so scharf wie auf meinem HD-Bildschirm«, sagte der eine.

Auf dem Navigationsbildschirm sehe ich keine Berge, keine Vögel, keinen Schnee und keine Fichten oder Tannen, dafür eine Menge wichtiger Zahlen zu Entfernungen, Geschwindigkeiten und Fahrtzeiten, Infos zum Wetter, Sightseeing-Tipps und Stauwarnungen. Wenn Regentropfen gegen die Windschutzscheibe prallen, schalten manche Autofahrer die Scheibenwischer erst ein, wenn ihnen das Informationssystem bestätigt, dass es regnet.

Ist das Navi Teil eines modernen Infotainmentsystems, liest mir die Software zudem alle eingehenden Sofortnachrichten vor. Für die Umwelt da draußen habe ich keine Zeit. Auch nicht für das Lenkrad und den Gegenverkehr.

Künftig nehmen uns Software und Sensorik deshalb hoffentlich die Bremsmanöver ab. Der Deutsche Kraftfahrzeug-Überwachungs-Verein (DEKRA) hat in einer Studie gezeigt, dass rund drei Prozent der Autofahrer während der Fahrt das Smartphone ständig benutzen. Damit wäre das Smartphone für etwa so viele Unfälle verantwortlich wie Alkohol. Forschungen zeigen zudem, dass ein Autofahrer, der am Steuer telefoniert, so gemächlich reagiert, als hätte er 0,8 Promille Alkohol im Blut. Schreibt er eine Textnachricht, reagiert er wie mit 1,1 Promille. Das entspräche ungefähr zwei bis drei Litern Bier. Selbst ein kurzer Blick auf das Display kann dramatische Folgen haben. Bei Tempo 50 legt ein Auto in zwei Sekunden etwa 30 Meter zurück. Während ich einmal kurz gucke, wer mir eine Nachricht geschickt hat, habe ich knapp ein Fußballfeld längs überquert.

Das Schlimme ist: Selbst nachdem ich das Smartphone zurück auf den Beifahrersitz geschmissen habe, dauert es einige Sekunden, bis sich mein Gehirn wieder im Fahrmodus befindet und auf die Straße konzentrieren kann. Ich fahre sozusagen in einer Art Trance weiter – mit glasigen Augen, irrem Lächeln und abstehenden Haaren. Wer Realityshows im Privatfernsehen schaut, kennt das Gefühl.

Falls Sie sich diesen Effekt abgewöhnen möchten, bitten Sie einen Freund, einen Golfball in die Hand zu nehmen. Er soll Sie eine Weile heimlich beobachten. Sobald Sie eine Textnachricht gelesen haben und aufblicken, wirft er den Ball aus fünf Meter Entfernung direkt auf Ihre Nase. Das wiederholt er so lange, bis die Neuronen in Ihrem Gehirn das Empfangen von Textnachrichten mit Nasenoperationen verknüpft haben.

Unser Gehirn kann das Smartphone nicht ignorieren. »Wenn es klingelt, reagieren wir wie in Zeiten, als wir Jäger und Sammler waren«, sagt David Strayer, der als Psychologe an der Universität Utah den Einfluss der Smartphone-Nutzung auf die Verkehrssicherheit erforscht. »Wir müssen dem Klingeln unsere gesamte Aufmerksamkeit schenken, als ginge es um unser Überleben.« Unser Gehirn reagiert instinktiv auf Signale, die Neuigkeiten ankündigen. Es spielt keine Rolle, ob die Neuigkeit eine Gefahr darstellt oder eine Belohnung. Unsere Vorfahren bewahrte der Reflex einerseits davor, von einem Löwen gefressen zu werden und half andererseits bei der Suche nach Beute.

Gehirnforscher haben in unserem Gehirn Bereiche ausfindig gemacht, die sie als Belohnungssystem bezeichnen. Sie sind aktiv, wenn wir Sex haben oder Essen zu uns nehmen, also unser Überleben und das unserer Gene sicherstellen. Unser Körper produziert dann vermehrt das »Glückshormon« Dopamin. Drogen wie Kokain aktivieren dasselbe System und auch Computer und Smartphones sprechen es an. Es ist ein erregendes Gefühl, eine Webseite zu öffnen, ein Bild zu vergrößern oder eine Nachricht zu erhalten, selbst wenn der Inhalt nichts mit Pornografie zu tun hat.

Natürlich waren Fahrer früher ebenfalls abgelenkt, insbesondere wenn sie allein unterwegs waren. Sie legten ihre Faltpläne auf das Lenkrad und versuchten Straßennamen mit Hinweisschildern zu vergleichen, während sie Slalom um kriechende Autos mit Wohnwagen fuhren. Es gab aber einen Unterschied: Im Gehirn war das Langeweilesystem aktiviert. Statt erregt auf eine gute Nachricht zu warten, waren wir zufrieden, wenn die Fahrt ereignislos war. Das war ein gutes Zeichen dafür, dass wir uns nicht verfahren hatten.

Doch für Smartphone-User gibt es Hoffnung: In ferner Zukunft fahren unsere Autos allein, ob mit oder ohne uns. Wir können sie sogar zur Oma schicken, damit sie unser Geburtstagsgeschenk abholen. Falls wir selbst irgendwohin müssen – was in meiner Zukunftsversion unwahrscheinlich ist –, schenkt uns die Robotertechnik während der Fahrt die Zeit, Muße und Langeweile der Achtzigerjahre zurück. Mehr noch: Wir werden uns zurücklehnen, die Berge und Täler bestaunen oder gute Bücher genießen.

Glauben Sie das wirklich? Dann träumen Sie weiter!

Auf eines können Sie sich getrost verlassen: Eine Technik, die unser Leben erleichtern soll, bewirkt erfahrungsgemäß das Gegenteil, nämlich Stress! Die Industrie wird das Auto in ein 24-Stunden-Entertainment-Kommunikations-Shopping-Office ausbauen, in dem Sie ringsum von Augmented-Reality-Scheiben umgeben sind – eine Technik, die das Glas in eine Kombination aus Fenster und Bildschirm umwandelt, sodass Sie gleichzeitig durchgucken und eingeblendete Informationen ablesen können. Das bedeutet, dass die Software Ihnen ständig Sachen erklärt, die Sie früher wussten. Ein Pfeil erscheint, zeigt auf ein Objekt am Straßenrand und blendet folgende Information ein: »Das ist ein Baum.«

Ab und zu erscheinen Sightseeing-Hinweise: »Wir fahren an einer historischen Ritterburg vorbei.« In solchen Momenten blendet die Software auf dem Fenster-bildschirm ein Foto der Burg ein, das die echte Burg überdeckt. Aber das macht nichts, denn das Foto können wir im Gegensatz zur echten Burg im Netz teilen. So verplempern wir keine Zeit – wir fahren, lernen und teilen.

Vielleicht bilde ich es mir ein, aber mir scheint, als hätten wir in der Prä-Internet-Zeit für Autofahrten und spontane Entdeckungspausen mehr Zeit übrig gehabt. Fragte mich meine Familie, wann ich zu Besuch eintreffe, sagte ich früher: »So ungefähr zur Kaffeezeit.« Heute starre ich auf einen Bildschirm und sage: »In einer Stunde, 44 Minuten und 23 Sekunden.«

Unser Gefühl für Raum und Zeit hat sich durch das Internet verändert. Solche Umbrüche hat es in der Geschichte zwar häufig gegeben. Als die Menschen zum Beispiel lernten, geografische Karten zu benutzen, begannen sie, den Raum um sich wie auf einer Karte – also abstrakt – wahrzunehmen. Sie ordneten Orte nach ihrer Lage auf der Karte ein, nicht mehr nach einer gefühlten räumlichen Richtung. Das Reisen jedoch war mit Strapazen verbunden. Man war Wind und Wetter ausgeliefert. Die Menschen hatten deshalb noch immer ein Gespür für Entfernungen.

Weite Reisen dauerten etwa im Mittelalter Wochen oder Monate. Viele Überlandstraßen waren nicht einmal für Wagen oder Kutschen geeignet. Die Leute mussten zu Fuß oder auf dem Pferd reisen. Im Winter ging es tagelang überhaupt nicht weiter, bei Regen waren die Wege verschlammt. Es gab wenige Herbergen, und zwischen Ortschaften und Höfen mussten die Leute mit Räubern rechnen. Als Graf Philipp von Katzenelnbogen im Jahr 1433 eine Orientfahrt unternahm, brauchte er von Darmstadt bis Alexandria rund zwei Monate – so steht es auf einer Webseite des Instituts für Geschichtliche Landeskunde an der Universität Mainz.

Eisenbahnen und schließlich Autos machten das Überlandreisen bequemer und schneller. Karten brauchten wir allerdings nach wie vor. Wir wussten, in welche Himmelsrichtung wir fahren, um an einen Ort zu gelangen (manche Leute dachten kartengemäß, sie fahren nach oben oder unten). Mit Internet und GPS müssen wir nicht einmal mehr Karten lesen können. Künftige Generationen lernen das wahrscheinlich weiterhin in der Schule, doch im Grunde genommen kann es ihnen schnurzpiepe sein, ob Hamburg im Norden oder Süden liegt. Das Navi bringt sie ohne dieses Wissen hin.

»Komm schon«, sagte ich zu Alex. Wir stiegen ins Auto ein und fuhren zu dem ausgeschilderten Parkplatz, der nach einigen Minuten links vom Weg abging. Der Weg ging noch weiter, aber wir hofften auf dem Parkplatz eine Karte zu finden. Am Rande des Platzes stand nur eine dieser überdachten Marienstatuen, in denen rund um die Uhr Kerzen brennen, obwohl mir schleierhaft ist, wer sie anzündet – vielleicht Maria selbst.

Abgesehen von Maria waren wir allein und auf uns gestellt. Ein Gefühl, das ich heute nicht mehr kenne, wenn ich mit dem Auto unterwegs bin. Was hätten wir bei einer Panne getan? Ich habe keine Ahnung, was wir uns damals dabei gedacht haben, durch Wälder zu fahren, in denen es keine Telefonzellen gab.

Sobald ich heute in der Pampa mit dem Auto über ein Nagelbrett fahre, das Heranwachsende aus Jux mit dem Traktor auf die Landstraße geschleppt haben, kann ich den Pannendienst anrufen und im warmen Auto sitzen bleiben, bis er kommt. Moderne Autos mit Fahrinformationssystemen schicken sogar automatisch meine GPS-Position mit.

Streng genommen schicken sie die GPS-Position auch, wenn ich keine Panne habe.

Bei modernen Autos sitzen Servicemitarbeiter vor einem kinoleinwandgroßen Bildschirm, auf dem eine Deutschlandkarte abgebildet ist. Für jeden Fahrer existiert darauf ein kleiner, beweglicher Punkt. Harry Potter hatte so eine Karte, die mittels Magie funktionierte. Sie zeigte ihm an, wo sich in der Magierschule Hogwarth sämtliche Schüler und Lehrer gerade aufhielten. Nur dass in den Servicezentren neben unserem Namen noch Alter, Adresse, Hobbys und die Einkaufshistorie von amazon hinterlegt ist. So stelle ich mir das zumindest vor.

Die Servicemitarbeiter finden ihre Arbeit womöglich unterhaltsam. »Ah, schau mal, der Herr Hänßler fährt schon wieder zu McDonald's. Hat er sich vergangene Woche nicht Joggingschuhe bestellt? Wird wohl nichts mit Abspecken. Weißt du was, den bestellen wir mal zur Wartung ein. Dann muss er ein paar Tage mit dem Fahrrad fahren.« Schon erscheint auf meinem Bildschirm im Auto eine Meldung, ich müsse in die Werkstatt. Die Menschen, die unsere Daten sammeln und uns rund um die Uhr überwachen, sind nämlich unsere Freunde.

Auf dem Parkplatz stellte ich den Motor ab, ließ aber die Scheinwerfer an. Wir entdeckten ein paar Holzschilder mit kryptischen Bezeichnungen wie »E13« und wollten schon auf dem Falkplan das entsprechende Kästchen suchen, als uns aufging, dass es sich um Wanderstrecken handelte. Doch die halfen uns nicht: Wir hatten immer noch nicht die geringste Ahnung, wo wir waren.

»Sollen wir wandern gehen?«, fragte Alex und grinste dämlich.

»Mit deinen Fähigkeiten würden wir den Weg zum Auto nicht zurückfinden«, sagte ich

»Es war deine idiotische Idee, von der Autobahn runterzufahren«, sagte Alex.

Ich antwortete nicht, sondern schaltete den Motor und das Radio ein. Der Sprecher sagte gerade: »... und jetzt noch ein Hinweis. Herr Stamm aus Karlsruhe-Durlach mit dem amtlichen Kennzeichen KA-SC-457, unterwegs in Richtung Flensburg, wird dringend gebeten, seine Mutter anzurufen.«

Als ich das hörte, musste ich lachen, weil ich mir vorstellte, wie Herr Stamm auf die nächste Raststätte raste, ein paar Münzen in eine Telefonanlage warf und seine Mutter ihm erklärte: »Sohn, du hast für deine Reise schon wieder keine Wechselwäsche eingepackt.«

»Da kommt jemand«, rief Alex plötzlich und zeigte auf Scheinwerfer, die den Waldweg aus der Gegenrichtung entlangleuchteten, aus der wir gekommen waren. Ohne zu zögern nahmen wir die Verfolgung auf.

Als wir das Auto eingeholt hatten, schaltete ich das Fernlicht abwechselnd ein und aus, während Alex zwischen meinen Armen hindurch auf die Hupe drückte. Beinahe hätte ich vor Schreck den Wagen gegen einen Baum gelenkt. »Mann! Du bringst mich um«, rief ich und schubste seinen Arm vom Lenkrad weg.

Das Auto vor uns fuhr jetzt noch schneller. »Du hast es erschreckt«, rief ich und gab Gas. Als wir erneut aufholten, schaltete Alex das Warnblinklicht ein, kurbelte das Fenster herunter und brüllte »Halt« und »Hilfe«, so als wären wir diejenigen, die von zwei Verrückten verfolgt wurden.

Das Auto vor uns hielt an. Aber der Motor brummte weiter, und niemand stieg aus.

Alex öffnete die Tür und hob die Hände hoch wie im Wilden Westen. Er ging ein paar Schritte nach vorne und plötzlich öffnete sich dort die Tür auf der rechten Seite. Offenbar hatte die Frau, die ausstieg, gesehen, dass Alex verzweifelt und nicht serienmördermäßig drauf war.

Die Fahrerin vorne stieg nun aus, genau wie ich. So standen wir uns gegenüber wie bei einer Geldübergabe, zwei gegen zwei.

Die Frauen waren ungefähr in unserem Alter – so 19 oder 20. Die Fahrerin hatte lange hellbraune Haare, die sie so zurechtgeföhnt hatte, dass sie den Kopf umrahmten wie die Mähne einen Löwen. Vom Rücklicht des Autos beleuchtet sah sie mit ihrer glänzenden ledernen Steppjacke, verwaschenen Jeans und silbernen Ohrringen aus wie Pia Zadora auf der Tanzfläche. Bei ihrer Freundin waren einige Strähnen im Haar blau gefärbt, und sie standen in alle Richtungen ab. Unter der offenen Jeansjacke baumelte ein bläulich-gläsernes Kreuz vor einem weißen T-Shirt. Uns trafen eiskalte Blicke, wie die von Michelle Pfeiffer in dem Film *Scarface*.

»Wir haben uns verfahren«, sagte ich in das Schweigen hinein. »Wir wollten in Köln ein Konzert besuchen, aber wir haben nur den Faltplan.«

Als würde das alles erklären.

»Ach so«, sagte die Fahrerin.

Die Muskeln aller Anwesenden entspannten sich.

»Wo wollt ihr denn genau hin?«

»Zum Levellers-Konzert«, sagte ich und nannte den genauen Ort. Wie sich herausstellte waren die Frauen aus einem nahen Dorf, und sie wollten über die Abkürzung durch den Wald auf die Autobahn und dann nach Köln in eine Diskothek. Aber unsere Zieladresse sagte ihnen nichts.

Wir breiteten auf meinem Autodach den Faltplan aus. Das gemeinsame Studieren hatte etwas Verbindendes; es war eine erotische Erfahrung, gemeinsam mit den Fingern über die Karte zu streicheln, innig vereint in dem Hass auf rote, blaue, gelbe und grüne Linien und Punkte, die sich in Falten brachen und ins Nirgendwo führten.

Der Zauber währte nicht lange und plötzlich kam der Satz, den alle Falkplanfahrer kannten: »Da seid ihr völlig falsch.«

Alex schaute auf seine Uhr und sagte: »In zehn Minuten müssen wir da sein, wenn wir den Anfang nicht verpassen wollen.«

Die Fahrerin erklärte, wie weit wir von unserem Ziel entfernt waren, zeigte auf der Karte die einzuschlagende Route und ergänzte: »Das schafft ihr nicht mehr.«

Alex und ich glotzten uns an, als würden wir uns gleich an die Gurgel springen. Aber bevor wir handeln konnten, bildeten sich um die Augen der Fahrerin kleine, fast unauffällige Lachfalten.

Sie sagte: »Wir wollten vor der Disko noch was essen gehen. Habt ihr nicht Lust, mitzukommen?«

Wir schauten uns erneut an. Die Wut verflog, wir starrten auf das Auto, auf die Frauen und schließlich auf den Faltplan. »Ja, das haben wir«, sagten Alex und ich im Duett, während ein leichter Windstoß den Plan auf den Boden wehte.

Wir stiegen ein, fuhren los, folgten dem Wagen der beiden Frauen und ließen den Plan liegen, wo er war.

Viele Grüße, bis
NÄCHSTES JAHR

Mein Arbeitstag beginnt mit Facebook. Ich schaue, was es Neues gibt in meinem Freundeskreis und manchmal klicke ich auf »Freunde finden«, dann zeigt mir Facebook Personen an, die ich vielleicht kenne. Zu meiner Überraschung ist meine ehemalige Schulfreundin Tania dabei, die ich aus den Augen verloren habe, daher klicke ich fröhlich auf »Freundin hinzufügen«.

Die Arbeit ruft, aber dreißig Minuten später kehre ich zu Facebook zurück, um zu schauen, ob Tania und ich inzwischen befreundet sind. Nach weiteren fünfzehn Minuten schaue ich noch einmal. Und nach zehn. Schließlich ertappe ich mich dabei, wie ich eine Nachricht aufsetze mit der unsinnigen Frage, ob Tania meine Anfrage nicht gesehen habe.

Nun bin ich über mein Verhalten ehrlich entsetzt, denn ich komme mir wie Mark Zuckerberg vor – dem aus dem Film »Social Network«, der in der Schlussszene über Facebook eine Nachricht an die Frau schickt, in die er sich verliebt hat, um dann zweimal pro Sekunde auf den Aktualisierungsbutton zu klicken. In meiner Kommunikation bin ich ebenfalls ein solcher Drängler geworden. Aber das überrascht mich nicht wirklich.

Früher ging der Schriftverkehr über die Post, heute kommt er mit einer Verzögerung von wenigen Millisekunden an. Außer, wenn man wie ich bei einem Billiganbieter seinen Mailaccount hat, dann kommen Mails manchmal nach drei Stunden an, weil der Anbieter Baustellen im E-Mail-Netzverkehr aufgestellt hat, auf denen Bauarbeiter rumstehen, Leberwurstbrote essen und dem stockenden Mailverkehr böse Blicke zuwerfen. Aber ansonsten rasen die Mails so schnell durch die Welt, dass unterwegs Sinn und Orthografie verloren gehen.

Erst gestern schrieb ich einen Forscher an, weil ich ihn zu einem Interview bewegen wollte. Er antwortete flugs: »Ich sitze gerade auf Tagung. Mit Klamm schicke ich Ihnen Information.« Er ist übrigens ein deutscher Muttersprachler.

Ich habe das Wort »Klamm« gegoogelt. Eine Klamm ist laut Wikipedia eine enge Schlucht im Gebirge mit überhängenden Felswänden. Ich warte heute noch darauf, dass der Mann mir mit dieser Klamm eine Information schickt. Vielleicht wirft er einen Zettel in die Schlucht, in der Hoffnung, dass die Botschaft als Mail bei mir ankommt. Kann ja sein. Wir verstehen schon länger nicht mehr, wie moderne Technik funktioniert. Vermutlich hat ihm aber auch nur die Schreibhilfe des Smartphones das Wort »im Anhang« durch »mit Klamm« ersetzt. Schreibhilfen wollen ja schlauer sein als wir.

Briefe abschicken oder in den Briefkasten werfen hatte einst tatsächlich etwas von »in die Schlucht werfen«. Ich warf sämtliche schriftliche Korrespondenz in diese bedrohlich aussehenden Briefkastenschlitze, bei denen ich immer die Hand schnell zurückzog, weil ich Angst hatte, sie beißen hinein. Sobald ein Brief unterwegs war, dauerte es Tage, Wochen, manchmal Monate, bis ich eine Reaktion bekam, wenn überhaupt.

Ich weiß noch, dass mich meine Englischlehrerin in der sechsten Klasse dazu ermunterte, Brieffreundschaften zu suchen, damit ich ein besseres Alltagsenglisch lerne, zumal Mary und Peter in meinem englischen Lehrbuch ziemlich hirnlose Gespräche führten.

»Hello«, says Peter. »How are you?«

»I'm fine«, says Mary. »And how are you?«

»I'm fine, too«, says Peter. »What's your name?«

»My name is Mary«, says Mary. »What's yours?«

Es gab damals eine Organisation, die weltweit Brieffreunde vermittelte, den International Youth Service. Er wurde 1952 in Finnland gegründet. Unsere Englischlehrerin übergab uns von dieser Einrichtung ein buntes Formular, das mit den Flaggen aller Länder dieser Erde eingerahmt war, jedenfalls aller relevanten Länder, die einer gesunden wirtschaftlichen Beziehung zu den noch relevanteren Ländern, in denen wir lebten, aufgeschlossen gegenüberstanden. Ansonsten sah das Formular aus wie ein Steuerformular.

Ich beantwortete wahrheitsgemäß die Fragen nach Hobby, Geschlecht und Alter und schickte den fertigen Bogen ab.

Er ging weit, weit weg. In Finnland, bei minus 33 Grad, auf einem verschneiten Gipfel, zu dem nur eine alte, wacklige Seilbahn führte, saßen fünf sanftmütige Menschen mit langen, grauen Bärten, Geschwister des heiligen Nikolaus, tranken heißen Grog, aßen Himbeerkuchen und studierten in aller Ruhe bei knisterndem Feuer und draußen tobenden Schneestürmen die nervös hingekrickelten Träume junger Menschen aus aller Welt. Sie überlegten lange, wer zu wem passen könnte. Da ich Englisch lernte und cool sein wollte, suchte ich eine Brieffreundschaft aus den USA. Die sanften Finnen kratzten sich am Bart und vermittelten mir eine Brieffreundin in Malaysia.

Ich ging zur Post, um mir Umschläge für Luftpost zu besorgen. Dort sagte ich zu dem Beamten am Schalter: »Ich möchte sehr gerne einen Flugpostbrief haben – das wäre alles, was zu meiner Seligkeit fehlt.«

Das waren ungefähr die Worte von Fähnrich Edwin Müller, dem bekanntesten Philatelisten Österreichs. Er ist berühmt für seine Briefmarkensammlung und weil er den zitierten Satz auf die Rückseite eines Luftpostbeleges aus dem Jahre 1918 schrieb. Er musste hohe »Luftpostbeförderungsgebühren« in Kauf nehmen und ging dafür in die Geschichte ein.

Der Begriff »Luftpostbeförderungsgebühr« erinnert mich wieder daran, dass bei der Post früher Beamte arbeiteten. Das Gute daran war, dass sie kein Interesse daran hatten, einem ein schlecht verzinstes Postbank-Spar-Girokonto oder Strom aus deutscher Kernspaltung anzudrehen. Im Gegenteil: Betrat ich die Amtsstube, fühlte ich mich unmittelbar wohl. Dort wurde verwaltet, es roch nach Kartons, Schreibmaschinenbändern und Klebstoff, und ich hatte das Gefühl, als müsste ich einen Antrag einreichen, damit man mir den Kauf einer Briefmarke genehmigte.

Ich kaufte Umschläge und dieses hauchdünne, bläuliche Luftpostbriefpapier mit vorgedruckten Linien, die verhindern sollten, dass man quer schrieb, was vermutlich gegen die Beförderungsrichtlinien der Deutschen Post verstoßen hätte. Das Problem mit Briefpapier war, dass es furchtbar unsportlich war, es nicht bis in den letzten Winkel vollzuschreiben. Eine E-Mail kann ich ohne schlechtes Gewissen so tippen: »Hi, meld' dich.« Ein Brief braucht Anrede, viele, viele Zeilen Text, Schlusswort und ein Postskriptum.

Das Briefschreiben war also Handwerk. Dazu musste ich einen Füller zwischen Zeigefinger und Daumen klemmen und blaue Tinte auf das Blatt quetschen. Nach drei Zeilen tat die Hand weh, nach fünf Zeilen bekam ich einen Krampf. Heute habe ich so ein V-förmiges Sportgerät aus Stahl auf meinem Schreibtisch liegen, das ich gelegentlich in die Hand nehme und zwecks Muskelaufbau mit aller Kraft zusammendrücke – für den Fall, dass ich eines Tages wieder einen Brief schreiben muss.

Damals schwitzte ich beim Schreiben und verwischte die Tinte einmal quer über das Papier, sodass die Buchstaben aussahen, als wären ihnen Flügel gewachsen, nicht die von Engeln, sondern eher von Astaroth, dem Dämon mit fauligem Atem, der über 40 Legionen in der Hölle herrscht. Laut dem Mönch Sébastien Michaëlis verführt Astaroth jährlich im August bevorzugt Männer zu Faulheit, Eitelkeit und Mathematik. Ein bewährtes Gegenmittel war der Tintenkiller – ich liebte dieses Wort. Damit konnte ich die verschmierten Dämonen auf meinem Brief ermorden, sodass der Brief aussah, als wären überall Blutflecken, wenn auch in der Farbe von Milch.

Gelegentlich schrieb ich mit Kuli oder Bleistift. Bei einem Kuli nahm ich statt des Tintenkillers den TippEx-Mörder, der ursprünglich für Schreibmaschinen entwickelt wurde. Ich tunkte einen Pinsel in eine weiße, medizinisch aussehende Flüssigkeit, die in der Giftnotrufzentrale als Lösungsmittel 1,1,1-Trichlorethan bekannt ist. Sie wirkte hervorragend, wenn man auf gereizte Schleimhäute stand.

Die eingepinselten Stellen auf dem Briefpapier wurden mit der Zeit hart und bröselig. Sie sahen aus wie Mörtel, den man bei falsch gebohrten Löchern aus der Tube in die Wand drückt.

Bleistifte hatten gegenüber Kulis den Vorteil, dass aufmerksame Menschen bei der Post die Briefe nicht gut lesen konnten, indem sie die Umschläge vor eine Lampe hielten.

Ich schrieb in meinem allerersten Brief auf Englisch, wie viele Brüder ich hatte, welche Bücher ich las (keine), dass ich gerne Sport machte (gelogen) und in einer deutschen Metropole mit 900 Einwohnern lebte. Der Brief endete mit »und was machst Du so?«

Ich brachte den Brief zur Post und wartete.

Und wartete.

Briefe wurden auch damals nur einmal täglich ausgeliefert. Ich wartete an schulfreien Tagen sehnsüchtig darauf, dass der Postbote um die Ecke gefahren kam. Als er einen leeren Briefkasten und ein trauriges Kindergesicht hinterließ, war es aus und vorbei – ich konnte nichts mehr tun. Der Rest des Tages war hundertprozentig lieferungsfrei. Ich konnte hüpfen, fluchen, dem Boten laut »Aktualisierung« hinterherschreien – es kam nichts mehr.

Das Schöne war, dass Briefe durch ihre Seltenheit einen unbeschreiblichen Wert hatten. Ich vergaß das Geschriebene nie, weil ich mir Mühe gegeben und einem Menschen meine Zeit und meine Gedanken geschenkt hatte. Und ich durfte darauf hoffen, dass dieser Mensch mir ebenfalls etwas von sich schenkte, was nur für mich gedacht war.

Im Internet schreibe ich manchmal eine Nachricht, während eine zweite eintrifft, sodass ich die erste unterbreche, um die zweite zu beantworten. Es kommt extrem selten vor, dass jemand denkt, oh, dieser Mailschreiber hat mir seine wertvolle Zeit geschenkt. Meistens denke ich, oh Gott, der schon wieder.

Meinen Brief hingegen verfolgte ich in Gedanken auf seinem Weg in die Ferne. Ich wusste, dass er irgendwo unterwegs war: Von der heimischen Amtstube ging es mit Lieferwagen, Zügen und Flugzeugen über Ländergrenzen, über Täler, Gebirge, Seen und Meere hinweg in ein mir fremdes Land, wo ihn Postboten in bunten Gewändern durch Straßen zwischen leuchtenden Häuserfassaden trugen, den exotischen Duft von Gewürzen,

Ratten und kaputten Abflussrohren einatmend. Er kam bei einem Menschen an, der ganz anders lebte als ich.

Es gab nicht die Möglichkeit, eine Bilderstrecke von der Stadt, in der meine Brieffreundin lebte, im Netz abzurufen. Ich konnte ihr Haus nicht per Google Streetview heranzoomen, und – wohl wissend, dass es sich um ein Standbild handelt – stundenlang auf die Haustür starren, in der Hoffnung, das Mädchen kommt heraus und angelt meinen Brief aus dem Kasten.

Ich wusste über Malaysia nur, was im Lexikon stand: ein Land in Südostasien, nördlich des Äquators, mit der Hauptstadt Kuala Lumpur. Eine der bedeutendsten politischen Persönlichkeiten des Landes war ein Mann namens Abdul Rahman Putra Al-Haj ibni Almarhum Sultan Abdul Hamid Halim Shah.

Ich nehme an, man würde dort den Namen Helmut Schmidt auch komisch finden.

Jedenfalls interessierten mich die lexikalischen Fakten nicht die Bohne. Ich wollte etwas über dieses Mädchen wissen, das mir in Finnland auf magische Weise zugeordnet worden war.

Die Antwort kam nach etwa vier Wochen. Ich bin nicht sicher, ob der Brief so lange unterwegs war oder in unserer Post einige Tage ruhen musste wie guter Wein, ehe der Bote damit durch die Gassen fuhr.

Auch muss man wissen, dass die Gaststätten in meiner Heimat strategisch so gebaut waren, dass sie in Abständen von jeweils ein bis zwei Kilometern die Route des Briefträgers definierten. Unsere Straße lag auf einem der hinteren Abschnitte der Tour, sodass der Bote, wenn er um die Ecke kam, auf eine Art fuhr, die Mathematiker als eine Reihe elliptischer Kurven bezeichnen würden. Dabei sang er Lieder, die ich nicht verstand, wobei er eine Vorliebe für Alliterationen mit »Sch« hatte. Je nachdem, mit wie viel Schwung er die Kurven nahm, musste er den einen oder andern Briefkasten auslassen. Er warf die Post dann beim übernächsten Nachbarn ein.

Dennoch kam die Post an – auch mein Brief.

Mein Herz ging auf. Da lag vor mir ein Brief, der von einem anderen Menschen handgeschrieben war, der menschlich und nach karzinogenem Briefpapierparfüm roch. Am Rand waren glänzende Glibbersticker, dessen Essenz sich auf meinem Pullover verteilte. Meine Brieffreundin schrieb, wie viele Geschwister sie hatte, das sie gern und viel las, in welcher Stadt sie wohnte, was ihre Eltern von Beruf machten, »und was machen Deine?«

Hunderte Jahre lang konnten Menschen über so eine große Distanz nur mit Stift und Papier in Kontakt treten. Briefe sind ein wichtiges Fundament unserer Kultur. Es ist schwer vorzustellen, wie die Bibel heute aussehen würde, hätte der heilige Paulus seine Briefe an die Römer als E-Mails oder als Tweets verschickt.

> @PaulusRömer7: »Ich elender Mensch! Wer wird mich erlösen von diesem todverfallenen Leibe?«
> @KaiDiekmann: »@PaulusRömer7 Ich schrei' mich gleich weg … :-) :-) :-)«

Briefe waren so gewichtig, dass einige der frühesten Romane in Briefform geschrieben wurden, etwa Samuel Richardsons Moralschmonzette *Pamela* – über eine Frau, die als Tugend in Person Richardsons Zeitgenossen Henry Fielding so aufregte, dass er das heutige Wikileaks vorwegnahm und einige bisher »unentdeckte« Briefe von Pamela leakte, in der sie sich als hinterhältige Prostituierte *Shamela* outete.

Aber die Original-Pamela war erfolgreich; und in deutscher Sprache erschienen in der Folge weitere Briefromane wie Sophie von La Roches *Geschichte des Fräuleins von Sternheim* oder Goethes *Die Leiden des jungen Werther*.

Natürlich wurden auch profane Briefe geschrieben, in denen es um Landverkauf, Geburten- und Todesraten, um Wetter und Regierungsbeschlüsse ging. Diese Informationen sind für Historiker äußerst wertvoll, da sie einen authentischen Einblick in das Leben der jeweiligen Zeit geben, zumindest in das Leben derer, die schreiben konnten. Und natürlich gab es damals schon Beschwerdebriefe. Selbst literarische Genies wie Charles Dickens waren sich nicht zu schade, solchige zu verfassen.

Dickens schrieb im September 1863 an seinen Uhrmacher:

Sehr geehrter Herr …,
nachdem meine Standuhr an Ihr Establishment zur
Reinigung geschickt ward (wie stets zuvor), funktioniert
sie zwar hervorragend, schlägt aber die Stunden nur mit
höchster Weigerung, und nach andauernden innerlichen
Qualen schmerzlichster Natur hat sie schließlich voll-

ständig aufgehört zu schlagen. Obschon dies für die Uhr
eine freudige Erleichterung sein mag, ist es nicht so günstig
für meinen Haushalt.

Bei meiner Brieffreundschaft ging es monatelang hin und her. Wir freundeten uns an, schickten uns überbelichtete, verwackelte Fotos ohne Like-Daumen drauf, und wir schrieben über Banalitäten wie Musik und Bücher und über ärgerliche Episoden aus unserem Leben, etwa das Fernsehprogramm, die Schule und die Geschwister.

Aber als wir in die Teenagerhochphase eintraten, wurden die Briefe selten. Eine Antwort dauerte vier oder fünf Monate und länger. Und irgendwann hörte einer von uns auf. Ich weiß nicht einmal mehr, wer – es war ein nüchternes Ende einer langen Freundschaft. Aus. Vorbei. Malaysia war aus meinem Leben getreten.

Doch bevor es dazu kam, empfand ich Wärme zu diesem fremden Menschen – und dieser fremde Mensch empfand Wärme und Herzlichkeit für mich, obwohl ich aus dem hartherzigen Deutschland kam. Ich war sozusagen Deutschlands Botschafter für Wärme, und ich bin sicher, das kam bei ihr und bei allen anderen Asiaten an, die mit Deutschen kommunizierten.

»Also, mit meinen deutschen Brieffreunden wurde ich nicht richtig warm«, schreibt mir zu meinem Entsetzen Diane aus Malina, Philippinen. Ich habe Diane im Internet entdeckt. Sie schreibt einen Blog mit dem Titel *Diane writes* und schwärmt dort von ihren eigenen IYS-Zeiten, aber nicht von deutschen Brieffreunden.

Sie wohnt in einem Vorort von Manila, ist 30 Jahre alt, bloggt und fotografiert gerne. Als sie 14 war, hatte sie eine deutsche Brieffreundin, und zwar Ende der Neunzigerjahre, als das Medium schon seine letzten Zuckungen von sich gab. Ich las einen dieser Briefe: Das deutsche Mädchen schrieb, dass sein Vater als Metzger arbeitete, die Mutter »ist im Büro«. Es mochte Backstreet Boys, Spice Girls und Céline Dion. Unten im Brief klebte ein ausgeschnittenes Bild von Leonardo DiCaprio und Kate Winslet, vorne auf der Titanic, Hände ausgebreitet wie Jesus am Kreuz.

Die Freundschaft zwischen Diane und dem deutschen Mädchen endete schnell, doch andere Freundschaften innerhalb von Asien dauerten an. »Ich lernte das Leben in anderen Ländern aus dem Blick von Menschen meines Alters kennen«, sagt Diane. »Das ist besser, als historische Infos in Büchern zu lesen, und besser als heute im Internet etwas über das Land zu recherchieren. Gut, es gibt Blogs und Social Media, um das Leben anderer Leute zu entdecken. Aber in Briefen las ich wirklich authentische Berichte.« Eine Brieffreundschaft mit einer Südkoreanerin hat sich 17 Jahre lang gehalten. In Kürze plant Diane, die Frau zum ersten Mal persönlich zu treffen.

Diane war von der Verbreitung des Internets, wie wir fast alle, zunächst begeistert. Als E-Mails und Social Media populär wurden, vergaß sie das Briefeschreiben. Alles ging über das Netz. »Ich liebte die Geschwindigkeit und die Leichtigkeit, mit der ich Nachrichten austauschen konnte. Aber mit der Zeit bemerkte ich, dass ich etwas vermisste. Das Internet ist gut, um neue Leute kennenzulernen, aber wenn ich eine persönliche Beziehung aufbauen möchte, ist das etwas anderes. Das Netz erhöht die Reichweite, aber nicht die Dimension. Du kannst die Zahl deiner Freunde und Bekannten erhöhen, aber keine Beziehung vertiefen.«

Dabei ist das Internet nicht zwangsläufig der Tod des Briefes. Es gibt nach wie vor Menschen auf der ganzen Welt, die Brieffreunde suchen. So kann man beides kombinieren – per Internet Leute finden und die Beziehung per Brief intensivieren. Auch Diane schreibt wieder vermehrt per Hand. »Das Glück, Briefe zu empfangen, fühlt sich in der digitalen Zeit so speziell an«, sagt sie.

Der erste Brief ihrer deutschen Brieffreundin endete mit der Frage: »Hast Du Internet? Dann können wir E-Mails schreiben!« Ich kenne die Frage von vielen Brieffreundschaften, die ich im Laufe der Zeit etabliert hatte. Die E-Mails kamen seltener, sie wurden kürzer – und nach einigen Wochen kamen überhaupt keine mehr.

Heutzutage werden täglich zwischen 150 und 200 Milliarden E-Mails und 30 Milliarden WhatsApp-Nachrichten weltweit verschickt. Die Deutsche Post hat 2014 nach eigenen Angaben etwa 64 Millionen klassische Briefe am Tag befördert, 2011 waren es noch zwei Millionen mehr. Davon waren nur sechs Prozent privat. »Wir gehen davon aus, dass die Briefvolumina auch in den nächsten Jahren um zwei bis drei Prozent jährlich zurückgehen«, sagt ein Sprecher der Post.

Denn Briefe schrieben wir früher nicht nur Freunden, sondern auch unseren Eltern oder Kindern.

Ich sitze im Keller, umgeben von staubigen Kartons, und suche die Briefe, die meine Mutter und ich uns während meines ersten Jahres auf dem College geschrieben haben. Meine Mutter schrieb mir zwei Mal in der Woche, ich ihr ein Mal. Es waren lange, emotionale, konfliktbeladene Briefe. Wir trennten uns, suchten neue Wege. Nun, vierzig Jahre später, finde ich die Briefe und habe das Gefühl, direkt in das Herz meiner Mutter sehen zu können.

Das schreibt die amerikanische Soziologin Sherry Turkle in ihrem Buch *Verloren unter 100 Freunden. Wie wir in der digitalen Welt seelisch verkümmern.* Sie sprach mit Müttern über das Verhältnis zu ihren Töchtern und entdeckte Gemeinsamkeiten: Die Frauen priesen zunächst die moderne Kommunikationstechnik, weil sie sich öfter mit ihren Töchtern austauschen konnten, per Kurznachricht oder Skype. Doch dann kam eine Wehmut auf. Eine der Frauen erzählte, die Kommunikation ähnele einem Nachrichtenüberblick: Obwohl sie immer auf dem neuesten Stand sei, habe sie nicht das Gefühl zu wissen, was in ihrem Kind vorgehe, wie es sich wirklich fühle.

Die Netzkommunikation neigt zu Oberflächlichkeiten. Wie oft habe ich gechattet und gemerkt, dass der andere gerade mit weiteren Leuten parallel kommunizierte – ich mache es nicht anders. Sobald ich aber nostalgisch werde und wage, eine längere Nachricht zu verschicken, die an die alte Briefform erinnert, kommt eine kurze zurück: »Schön, dass Du mir geschrieben hast – mir geht's so okay. Bleib' in Kontakt.«

Sobald eine solche Kurznachricht in der Hosentasche

eintrifft, vibriert das Smartphone, und nicht selten vibriert es auch, wenn keine Nachricht gekommen ist. Neulich hörte ich mein Smartphone sogar im Nebenraum aus meiner Tasche heraus vibrieren. Dabei war es ausgeschaltet. Wissenschaftler sprechen in solchen Fällen von Phantomvibrationen.

In einer Studie fanden die Forscher heraus, dass von 169 befragten Smartphone-Nutzern 115 bereits Phantomvibrationen hatten. Der Psychologe David Laramie erklärt das Phänomen folgendermaßen: »Im Prinzip wird das Gehirn von der sonst nützlichen Fähigkeit überlistet, überall Muster in der Welt auszumachen.«

Das ist unsere Welt: haufenweise Kurznachrichten ohne Tiefsinn und Vibrationen, wo keine sind.

Briefe vibrierten nie.

Ich habe die Nase voll und beschließe, noch einmal die alten Zeiten aufleben zu lassen und mir neue Freundschaften aus anderen Kulturen zu suchen, mithilfe des Internets. Ich gehe auf die Seite interpals.net, wo es Menschen in allen Altersgruppen gibt. Dort richte ich ein Profil ein, kreuze einige Wunschländer an, beide Geschlechter sowie eine zu mir passende Altersgruppe.

Zwei Sekunden nach der Anmeldung habe ich die erste Nachricht im Postfach. Ich bin hingerissen. Henkibiene27 grüßt mich fröhlich, sie suche einen Freund, und um sie nackt zu sehen, soll ich hier klicken. Ein paar Minuten später bekomme ich die nächste Nachricht: Ein Fashion Designer aus Kamerun braucht Geld, um seine Fashion zu designen. Beide blockiere ich, dann mache ich mein Profil fertig und stöbere durch die vorhandenen

Anzeigen – mehrere Hunderttausend. Am Ende schreibe ich einige Leute an, die mir sympathisch erscheinen.

Von den Antworten bin ich nicht überrascht. »Hey, u r welcome, regards!«

Es ist nicht so, dass die Leute nicht gerne lange Nachrichten lesen – sie haben sich gefreut. Es ist nur so, dass sie selbst keine schreiben. Wer 398 Freundschaften hat, muss sie pflegen und das geht nicht mit philosophischen Ausführungen wie zum Beispiel warum man Sonic Youth mag.

Aber ich stelle nach einigen Wochen fest: Es gibt noch Menschen, die das tiefsinnige Schreiben lieben. Das Smartphone vibriert, und ich freue mich, als ich in den Posteingang schaue. Mein Anschreiben Nummer 24 hatte Erfolg und ich bekomme eine herzliche, ausführliche Mail zurück. Eine Frau aus den USA.

Wer altmodisch kommunizieren will, muss alte Tugenden wiederbeleben.

Nimm mal besser den
CHUCK NORRIS

Unsere Videothek war in einer kleinen Seitenstraße, umringt von Wohnhäusern, in denen es vor lauter Adonisenbrunnen in den Gärten plitscherte und platschte. Ein Mann um die 70 stand in dem Garten gegenüber der Videothek in einem weißen Schießer-Feinrippunterhemd vor zarten, rosa blühenden Weigelien, in der linken Hand hielt er eine Rosenschere, in der rechten schleppte er, seinen Körper leicht gebeugt, eine gefüllte grüne Gießkanne. Auf dem Kopf trug er einen Hut, mit dem er in Havanna nicht aufgefallen wäre.

Alex und ich waren 15 Jahre alt. Als wir mit dem Fahrrad auf den Videothekenparkplatz einbogen, versuchte der Mann mit der Gießkanne seinen Hut anzutippen, um uns zu grüßen, aber er schaffte es nicht, sie so weit hochzuheben. »*Die Halbstarken*«, rief er uns zu. »Schaut euch den mal an.« Und er zeigte auf die Videothek. Wir wussten nicht, wovon der Mann redete. Spielte da Chuck Norris mit?

Vor der Videothek gab es fünf Parkplätze für Autos,

aber keinen einzigen für Fahrräder. Der herkömmliche Videoausleiher fuhr mit dem Wagen vor. Die Fensterscheiben waren vollgeklebt mit Filmplakaten. *Big* zeigte den scheu lächelnden Tom Hanks. Er schaute schräg nach oben auf das Plakat von *Bloodsport,* von dem aus ihm Jean-Claude van Damme in Boxershorts die linke Faust entgegenschwang, und Hanks blickte auf Paul Hogan aus *Crocodile Dundee II,* der über den Dächern New Yorks schwebte, Machete in der einen, eine blonde Frau in der anderen Hand.

Hanks lächelte die beiden Männer an, weil er wusste, dass die alten Machos im Kino bald ausgedient haben würden und in ein paar Jahren liebenswerten Typen wie ihm weichen müssten. Typen, die von ihren Kinovorfahren eins auf die Fresse gekriegt hätten.

Die Glastür zur Videothek war bereits geöffnet. Fünf Treppenstufen führten hinein in das kleine Filmparadies: weiße Regale reihum mit Pappcovern in Plastikboxen – alles VHS-Videos. Neben dem Eingang gab es ein Regal für aktuelle Blockbuster, die älteren Filme waren in den hinteren Regalen nach Genre sortiert. Die Autorenfilme waren am weitesten vom Eingang entfernt und in den unteren Reihen wie im Supermarkt die Eigenmarken.

Videofilme waren geil, fand ich. Man konnte gucken, wann und was man wollte beziehungsweise was gerade da war, denn die neuesten Filme waren in der Regel nicht da, die musste man reservieren lassen oder den ganzen Tag in der Videothek rumhängen und warten, bis die Schlaftablette kam, die den Film auszuleihen wagte, ohne einen vorher zu fragen. Aber falls der Film da war, hatten wir alle Zeit der Welt, ihn zu gucken, und zwar innerhalb des 24-Stunden-Ausleihzyklus. Ich träume heute noch manchmal davon, dass bei mir auf dem Speicher eine VHS-Kassette rumliegt, die ich nicht rechtzeitig zurückgebracht habe und dass der Videothekar mir eines Tages das Bankkonto leert, um die überzogenen Gebühren reinzuholen.

Der Videothekar hieß Knut. Er war um die 50, hatte einen Oberlippenbart, bei dem kein Härchen schräg wuchs, und er lehnte mit den Ellbogen auf dem Tresen, direkt gegenüber dem Eingang. Als wir eintraten wie zwei Boxer, die in den Ring klettern, wurde er wie immer nervös. Er kam hinter seinem Schutzbau hervor, zog den Bauch ein, drückte sich an uns vorbei und guckte raus, die Straße entlang – hoch und runter, alles klar, die Luft ist rein.

»Eigentlich«, seufzte er, »dürft ihr hier erst ab 18 rein.« Er schlüpfte zurück, baute sich wieder vor uns auf und schaute über unsere Köpfe hinweg ins Freie. Die Polizei und das Videothekenamt waren offenbar immer noch nicht zu sehen. Puhh. Schweiß perlte ihm auf der Stirn und blieb dort, wo er war, bis wir unseren Abgang aus dem Ring durch einen Knock-out vollzogen – der Übergabe der Leihkassette.

Wir nahmen die Angelegenheit sehr ernst und gingen gewissenhaft auf die Suche nach möglichst brutalen Actionfilmen. Heute schaue ich mir, ehe ich einen Film gucke, Trailer bei YouTube an und lese parallel dazu bei Rottentomatoes.com eine Zusammenfassung sämtlicher im Internet erschienener Kritiken. Die Kritiker werden mit je einem Satz zitiert; die gesamte Kritik wird auf eine faule oder eine genießbare Tomate reduziert. Ein Film, der weniger als 35 Prozent matschige Tomaten aufweist, ist okay.

Trailer und Kritiken spielten für uns Jugendliche bei der Auswahl kaum eine Rolle. Wir sahen zwar welche in den Kinos oder auf den früher ausgeliehenen Videos, doch wir entschieden meist spontan, indem wir uns die Bilder auf der Rückseite des Covers anguckten und den Beschreibungstext lasen.

Zu diesem Zwecke nahm ich *Das Phantom-Kommando* aus dem Regal. Zu sehen war Arnold Schwarzenegger mit ölbeschmiertem Gesicht und einer Granate in jeder Hand. Irgendwo, irgendwie wird irgendjemand dafür bezahlen müssen, stand da. Gemeint war nicht die Ausleihgebühr für die Videokassette, sondern dafür, Arnold geärgert zu haben.

Auf der Rückseite war Schwarzenegger mit einem Gerät auf der Schulter abgebildet, das vier leere Löcher aufwies, aus denen er Raketen abschießen konnte. Arnold hatte sein Auge halb zugekniffen, weil er zielte, obwohl die Maschine offensichtlich leer war. Logik und Handlung waren bei solchen Filmen eh irrelevant: Es ging um Granaten, Raketenwerfer und Leichen.

Im Drehbuch, das irgendein armer Autor schreiben musste, der die Vorgabe hatte, Dialoge für eine Handlung zu schaffen, die auf eine DIN-A4-Seite passte, hieß es, dass ein arroganter Verbrecher Arnies einziges Kind entführen lassen und sich anschließend Arnie gegenüber in einen Sessel setzen sollte – in Arnies Wohnung, auf

Arnies abgeschiedenem Berg im amerikanischen Hochland, das Arnie wahrscheinlich ebenfalls gehörte.

»Wir haben deine Tochter«, sagte der Entführer. »Jetzt kommen wir ins Geschäft, was?«

»Falsch«, sagte Arnold und jagte fünf Kugeln durch den Mann und den Sessel.

Vage erinnere ich mich, dass Arnold in einem Einkaufszentrum eine Telefonzelle aus der Verankerung an der Wand riss – oder zog er den Fahrstuhl aus dem Schacht? Egal. Es krachte und rumste, Autos flogen durch die Gegend, Inseln wurden gesprengt, und der Held hatte es nicht einmal nötig, Kugeln auszuweichen. Die machten freiwillig einen Bogen um ihn.

Später wurde Arnold Schwarzenegger berühmt, weil er einem seiner Opfer »Hasta la Vista!« zuraunte. So etwas gibt es heute nicht mehr, dass wir Einzeiler aus dem Kino in der Schule oder bei der Arbeit zitieren. Heute zitieren Teenies YouTube-Stars und geben Schminktipps, nachdem sie ihre Gegner vermöbelt haben.

Das Großartige am Internet ist, dass es zu jedem Schwachsinn Statistiken gibt. Ein Blogger, der sonst nichts zu tun hatte, zählte, wie viele Menschen in dem Film *Phantom-Kommando* getötet wurden: 88, davon 81 durch Schwarzenegger. Vier Jahre zuvor hatte Chuck Norris in *Invasion USA* nur 59 Männer geschafft. Auf dem Filmcover sah er aus wie Mona Lisa, nur dass im Hintergrund Panzer explodierten und er die Hände mit zwei Maschinengewehren bestückt hatte. Auf der Rückseite der Filmbox ragte aus Norris' Hüfte ein unbekanntes Schießgerät heraus, das er mit beiden Händen festhalten musste, und das größer als der Militärhubschrauber im Hintergrund war. Ich bin nicht sicher, ob das nur an der Perspektive lag.

Wir wussten damals nicht, wie viele Menschen im Verlaufe des Films getötet wurden. Es gab keine EU-Richtlinien, wonach Mengenangaben auf die Kassettenhüllen gehörten. Uns reichte, dass sehr, sehr viele Bösewichte draufgingen.

Ich nahm einen anderen Film in die Hand, in dem ein ehemaliger Vietnamkrieger brutal Rache übte und ein Gemetzel veranstaltete – wegen Steuererhöhungen oder was weiß ich. Damals waren solche Leute in Filmen die Guten. Heute würde sich die Handlung um einen tollpatschigen Steuerhinterzieher drehen, der sich in eine Finanzbeamtin verliebt und einsieht, dass das Leben auch mit Steuern schön ist.

Der Rächer, den ich in der Hand hielt, hatte schulterlanges Haar, ein Muskelshirt mit zugehörigen Trizeps und ein mit Schlamm verschmiertes Gesicht.

»Ist das Chuck Norris?«, fragte Alex, als er auf das Cover guckte.

»Kann sein«, sagte ich. »Wir werden es sehen, sobald er sich gewaschen hat.«

Wir waren nicht besonders helle, damals.

Der Film war ab 18. Die »18« stand für Qualität – jedenfalls zu unserer Jugendzeit. In noch früheren Jahrzehnten bekamen Actionfilme eine »18«, wenn man im Bildhintergrund einen entfernten Schuss hörte, der jemanden getroffen haben könnte oder wenn man das Schmatzen eines Kusses auf einer dunklen Leinwand vernahm.

Den Film mit dem Möchtegern-Norris legte ich wieder ins Regal zurück, nachdem Alex mir erklärt hatte, dass er den womöglich doch schon gesehen hatte. Aus den Augenwinkeln beobachtete ich, wie sich Knut mit einem Tempo-Taschentuch sein Gesicht trocknete. »Keine Filme ab 18«, rief er mehr in Richtung Tür als zu uns. Wir überlegten, ob wir scherzhalber die Kellerstufen ins Reich der Pornografie absteigen sollten, doch wir wollten ihn nicht über Gebühr reizen.

Was wir damals als angemessene Filmunterhaltung betrachteten, war bereits Höhepunkt einer langen, zähen Entwicklung dieser Branche. Noch zu Beginn des 20. Jahrhunderts vergnügten sich Cineasten mit einem Kasten, der wie eine Kommode mitten im Raum stand und von gepolsterten Holzstühlen umringt war: dem sogenannten Kaiserpanorama. Die Leute setzten sich hin, beugten ihren Kopf nach vorne und starrten durch zwei Gucklöcher, sodass sie einen steifen Nacken bekamen. Es war motorisch betrachtet der Vorbote des Smartphones. In Warschau hieß das Gerät »Fotoplastikon«, was auch ein schöner Name für Smartphone gewesen wäre.

Jeder Gucker sah in seinen Löchern etwas anderes, da die Bilder reihum wanderten – von Gucklock zu Guckloch. Die Vorführung dauerte oft bis zu 30 Minuten. Gott, was müssen die Menschen nach Unterhaltung gegiert haben!

Ich probierte das Gerät als Recherche für dieses Buch aus, da eines bei uns im Landesmuseum herumsteht. Dabei kam ich mir wie ein Voyeur vor, der durch ein

Schlüsselloch guckt, und mir wurde schlagartig klar, wie sich die Menschen vor dem Kaiserpanorama die Langeweile vertrieben hatten.

Neben mir saß Isa, eine Freundin, die mich zum Museum begleitet hatte. Um mich mit ihr zu unterhalten, musste ich die Unterlippe meines Mundes schräg nach links schieben, damit der Schall Isas Ohr erreichte. Den Kopf wollte ich nicht bewegen, da ich von dem Anblick völlig gebannt war. »Seht her, Lady Isabelle, seht her!«, hätte ich ihr vor hundert Jahren zugerufen. »Vor mir erstrahlt das Bild des Rheins im Zeitalter der Renaissance. Und zwar in 3D.«

Die Bilder werden in der Tat perspektivisch versetzt angezeigt, sodass sie unser minderbemitteltes Gehirn als dreidimensional wahrnimmt. Früher zeigte die Wundermaschine freilich nicht den Rhein, wie das Vorführgerät im Museum, sondern exotische, ferne Landschaften, die ich als Bürger nie hätte bereisen können, weil Josef Neckermann zu jener Zeit Stoffwindeln trug statt seinen Mitmenschen günstige Flüge anzudrehen.

In der Videothek verging die Zeit wie im Fluge, doch wir hatten uns noch nicht entschieden. Alex nahm *Big* in die Hand. Ich riss ihm die leere Hülle wieder weg, stellte sie ins Regal und schob ihn in Richtung Horrorfilme. Jahre später, als wir mit zwei Freundinnen ins Kino gingen, mussten wir uns ihrem Geschmack beugen und den Film *Grüne Tomaten* anschauen. Der Film zeigt das prachtvolle Leben in 130 Minuten, und ich erinnere mich an den Abspann, als ich mit grausigen Schmerzen im Kopf, in den Kniegelenken und im Hintern aufstehen und zum Kinoausgang humpeln musste. Solange wir jung und unter uns waren, schien es mir absurd, unsere Lebenszeit Filmen zu widmen, in denen Menschen sich trennten, heulten, alterten und an Krankheiten starben oder wie Tom Hanks aussahen.

Das Horrorregal war, falls wir nichts Besseres fanden, eine sichere Nummer. Wir bekamen, was wir erwarteten. Auf den meisten Covern hatten die Darsteller den Mund weit offen, weil sie entweder laut schreien oder einen beißen wollten – es war nicht immer ersichtlich, was von beiden. Die Cover haben sich in diesem Bereich in den letzten 30 Jahren kaum geändert. Horrorfilmemacher sind konservativ, auch was Accessoires wie Fleischermesser, Kettensäge und Streitaxt angeht. Von Fernschusswaffen will man in diesem Genre bis heute nichts wissen.

Wir entschieden uns am Ende für den Film *Die Hölle der lebenden Toten,* den das Lexikon des internationalen Films als »eine mit pseudophilosophischen Betrachtungen aufgeladene Kannibalismusorgie« bezeichnet. Der Film endete damit, dass die Weltbevölkerung von Zombies gefressen beziehungsweise infiziert wurde. Er war in einer »ab 16«-Version erhältlich. Darin fehlte, wie ich heute dank Schnittberichte.com weiß, unter anderem die Szene, in der ein Zombie mehrere Male in die Schulter eines Wissenschaftlers biss, und die Szene, in der ein Soldat auf Zombies ballerte und schrie: »Ich mach euch alle fertig, ihr Monster! Verreckt, ihr Schweine! Warum krepiert ihr denn nicht endlich, verdammt noch mal? Ich will, dass ihr abkratzt! Fahrt endlich zur Hölle!« Pseudophilosophisch eben.

Knut kramte aus einer Schublade die zugehörige VHS-Kassette hervor, als wir ihm die leere Filmverpackung aus dem Regal auf seine Theke legten. Er steckte sie in eine neutrale Box mit Werbung für Pizzalieferungen und händigte sie uns zögerlich aus. »Eigentlich ...«, setzte er an, aber da waren wir schon draußen auf dem Fahrrad, winkten freundlich dem Mann im Schiesser-Hemd zu, der am Zaun lehnte und eine rauchte, da das Opfer seiner Schere – ein kleines Ästchen – inzwischen mausetot unter seinen Füßen ruhte. Als er uns sah, zeigte er uns einen gestreckten Daumen, weil er glaubte, wir hätten *Die Halbstarken* ausgeliehen.

Wir radelten nach Hause in Erwartung der anbrechenden Dunkelheit, denn natürlich konnten wir Horrorfilme nur im Dunkeln gucken.

Knuts Videothek gab es seit etwa 15 Jahren. Die erste Videothek in Deutschland wurde allerdings in Kassel eröffnet. Ich bin überrascht, dass sie heute noch existiert und rufe den Besitzer Eckhard Baum an. Als er abnimmt, höre ich im Hintergrund Radiomusik dudeln, und ich fühle mich sofort in Knuts alte Videothek zurückversetzt, denn auch er liebte Radio, das ihn beruhigte, bei all den 16-Jährigen, die tagein, tagaus hinein- und hinauseilten.

Eckhard Baum sagt »Hallo« und »Moment bitte«, und ich werde Zeuge eines authentischen Kundengesprächs. Der Kunde bringt eine DVD zurück und zwar einen Tag zu spät. Er muss nachzahlen, weshalb ich überlege, ob ich auflegen soll, für den Fall, dass ich vor zwanzig Jahren in Kassel mal was ausgeliehen und nicht zurückgebracht habe. Aber Baum ist ein freundlicher Mann. Er schimpft nicht. »Der nächste Film ist umsonst«, höre ich ihn sagen. Auch das kenne ich von Knut: Nach 20 Filmen war der 21. umsonst.

Eckhard Baum erzählt, dass er die Videothek 1975 mit dem Verleih von Super-8-Filmen gegründet hat. Die Filme waren auf einer Rolle und wurden beim Gucken auf eine zweite, leere Rolle hinübergerollt – und irgendwo zwischen den Rollen wurde das Band beleuchtet und durch eine Linse auf eine Leinwand projiziert. Drei Rollen mit 120 Metern Film kosteten für 24 Stunden 36 Deutsche Mark. Filmware war offenbar Meterware wie Gardinen oder Maschendrahtzäune. Da nicht beliebig viel Film auf so eine Rolle passte, wurden die Werke für den Heimverleih auf 60 Minuten gekürzt. Das ergab drei Rollen mit je 20 Minuten.

Baums Videothek machte jeden Wandel mit: Von Video 2000 über Betamax zu VHS, DVD und Blu-Ray. Er behält von jeder gekauften DVD mindestens ein Exemplar im Verleih, sodass er inzwischen 13 000 Filme im Angebot hat. Darunter Filme, die es online nicht gibt. Einige Leute kommen aus 40 Kilometer entfernten Orten angefahren, um Filme auszuleihen, die sie sonst nirgendwo mehr finden. Dennoch ist in den vergangenen fünfzehn Jahren der Umsatz drastisch gefallen, doch aufgeben will Baum noch lange nicht. Seine Videothek solle die erste und letzte sein, sagt der 77-Jährige.

Alex und ich waren bei mir zu Hause angekommen und saßen im Wohnzimmer vor dem Familienfernseher.

Ich legte die VHS-Kassette in den Videorekorder ein und drückte auf Wiedergabe.

VHS-Kassetten hatten es in sich. Meist nutzte ich sie, um Fernsehshows, Filme oder Serien aufzunehmen. Aber sie boten nur für 180 oder 240 oder 300 Minuten Platz. Da passten manchmal zwei Filme drauf, manchmal nicht. Ab und zu öffnete der Kommissar in einem Krimi eine Tür, hinter welcher der Mörder sein Gesicht zeigen würde, aber die Kassette stoppte an der Stelle und spulte lieber zurück.

Es gab zudem ein technisches Problem, das wir damals mit »VPS« abkürzten: Wir programmierten eine Aufnahme und die TV-Sender versprachen, pünktlich ein Signal an unsere Videorekorder zu schicken, damit die Sendungen bei Verspätungen korrekt aufgezeichnet wurden, zum Beispiel Sendungen, die nach *Wetten dass* kamen. Das System war so unzuverlässig, dass wahlweise die ersten oder die letzten Minuten fehlten, manchmal wurde nichts aufgenommen, manchmal nahm der Rekorder Sendungen auf, die seiner Ansicht nach hochwertiger waren als die, die ich programmiert hatte.

Die Kassetten wurden mit der Zeit älter und langsamer beim Zurückspulen. Ich weiß nicht, woran das lag. Sie spulten in der Mitte des Bandes mit üblicher Geschwindigkeit zurück, aber sobald sich das Band dem Anfang näherte, wurde es unerträglich langsam, und es kamen Geräusche aus dem Gerät, die mich an die Versuche meines Nachbarn erinnerten, sein frisch frisiertes Moped gegen Mitternacht zum Starten zu bringen.

Manchmal hatte ich nicht übel Lust, die Kassette raus-zuholen und sie mit den Fingern zurückzuspulen. Die Technik war übrigens Vorbild für das spätere Windows. Bill Gates ließ sich von VHS-Kassetten dazu inspirieren, Algorithmen in Windows einzubauen, die das System von Monat zu Monat abbremsten. Sonst wäre die Um-stellung auf Computer ein zu gewaltiger Schock für uns gewesen, soll er mal gesagt haben.

Aber unsere geliehene Kassette mussten wir nicht zu-rückspulen, ich hatte sie ja erst gestartet. Vor dem Film kam eine Warnung, dass wir die Zeit bis zur Rente hin-ter Gittern verbringen müssten, genauso wie unsere El-tern, Schwestern und Brüder, für den Fall, dass wir das Band kopieren oder jemandem unerlaubt vorführen soll-ten, vielleicht würde man uns laut diverser Paragrafen des Urheberrechtsgesetzes bei lebendigem Leib grillen oder uns die Haut abziehen. Ich hörte schon gedanklich das Klingeln der Kriminalpolizei unten an der Haustür und überlegte, wer eigentlich gerade wem den Film vor-führte – ich Alex oder er mir. Aber dann trank ich einen Schluck Cola und spulte ein wenig vor.

Plötzlich hörte ich »rschlztrschltrlsch« und das Bild fror ein. Ich holte die Kassette raus, aber ein Teil des Ban-des blieb im Rekorder hängen, sodass sich das Band in die Länge zog, teilweise war es knitterig, teilweise gefal-tet.

Alex und ich zuckten zusammen.

Ich versuchte, das Band mit den Fingern zu glätten und in die Kassette zurückzurollen, indem ich den Fin-ger in das Loch der Abspielzahnräder steckte und die gesamte Kassette um den Ringfinger drehte, wie ich es manchmal mit Frisbeescheiben machte. Mit viel Mühe bekam ich das Band wieder rein und drückte Wiedergabe. Aber auf dem Bildschirm passierte nichts.

Nun hatte ich Bammel, dass der Fernseher implodiert war, das machten Röhrenfernseher damals, wenn sie schlechte Laune hatten. Sie gaben ein »Dumbf« von sich, in der Mitte erschien ein blaues Licht, das sich zu einem flachen Atompilz zusammenzog, und anschließend kam Dampf aus der Lüftung, der nach gegrillter Glühkathode roch.

»Vielleicht ist der Fernseher nicht warm«, sagte ich kleingläubig zu Alex.

Ganz früher mussten Fernseher sich einige Minuten aufwärmen, bevor sie etwas zeigten. Aber nein, der Fernseher war neu, und er schien in Ordnung.

»Weißt du was«, sagte ich. »Ich spul's zurück. Wir geben's Knut und sagen nichts.«

Es war klar, dass wir sonst die Schuld dafür bekommen hätten. Videotheken hatten ausgiebige Strafgebührenlisten für Paragrafenverstöße wie nicht zurückgespulte Filme und zernudelte Bänder. Glücklicherweise machten sich die Videothekare selten die Mühe, die Bänder zu prüfen.

Erst als die DVD kam, gewöhnten sie sich diesen Blick von Zollbeamten an, wenn sie die Scheiben auf Kratzer untersuchten.

»Der Kratzer war vorher nicht da«, sagten sie.

»Ich war's nicht«, sagte ich noch als 35-Jähriger und fragte mich ein ums andere Mal, wieso Videothekare von mehreren Tausend DVDs die aktuelle Kratzerlage im Kopf hatten.

»Der war vorher aber nicht da«, sagten sie noch mal.

»Ich war's wirklich nicht«, sagte ich.

Wir erröteten gemeinsam. Sie sagten »eigentlich« und »Kulanz«, hauchten dabei ein wenig Mundfeuchtigkeit auf die Oberfläche der DVD, rieben mit den Ärmeln ein paar zusätzliche Kratzer hinein, sodass die Kratzermuster harmonisch aussahen, und legten die Filme für die nächsten Kunden bereit.

An jenem Abend beschlossen Alex und ich freilich, die Kassette wegzupacken und lieber ins Kino zu gehen. Noch war Zeit dafür, aber wir standen vor einem neuen Problem: Wir hatten keine Ahnung, was lief. Es war Freitag und unsere Eltern hatten die Zeitung vom Donnerstag schon in den Müll geschmissen.

Es gab nur zwei Möglichkeiten: Kino anrufen oder Videotext. Aber wir waren keine Kinoanrufer.

Videotext war das Internet der Achtzigerjahre mit dem Unterschied, dass die einzige Interaktion darin bestand, Zahlen einzugeben – Seitenzahlen wie bei einem Buch. 150 stand für Textuntertitel, die bei seriösen Bildungssendungen eingeblendet wurden. 300 stand für die aktuelle Fernsehvorschau und ab 600 aufwärts gab es Annoncen für allerlei Telefonbetrügereien. Die Schriften blinkten und manchmal versuchten die Videotextdesigner spaßeshalber echte Grafiken im Videotext unterzubringen, wobei die Pixel so groß wie Legosteine waren.

Ich fand das Kinoprogramm im Videotext, aber es

war fatalerweise überregional, daher wussten wir nicht, ob es die aktuellen Filme schon in unsere Region geschafft hatten oder noch die Metropolenbewohner beglückten.

Wir ließen uns von unseren Eltern zum Kino fahren, da Busse was für Muttersöhnchen waren, und als wir ausstiegen und vor dem leuchtenden Eingang des Kinos standen, kam es sofort, dieses unbeschreibliche Gefühl, vor etwas Großem zu stehen, vor dem Palast eines orientalischen Herrschaftshauses, das Lustspiele für ein altes, erhabenes Volk aufführen ließ, das Trauben von Tabletts aß und Gewürzwein aus Goldvasen trank. Kino war nicht wie die Videothek mit dem ganzen Plastikgestank und dieser kapitalistischen übersättigten Auswahl. Kino war eine in sich geschlossene Traumwelt, in deren Herrlichkeit wir in den nächsten ein bis zwei Stunden schwelgten, ohne Sinn für anderes, es sei denn, wir mussten mal aufs Klo.

Dass das Kino sich so entwickelte, war nicht abzusehen. Aus dem Fotoplastikon wurde erst einmal das Kinetoskop, in dem es zwar Bewegtbilder gab, obschon die Leute immer noch in einen Schaukasten gucken mussten. Die Leute waren besessen davon, in irgendwelche Kästen zu gucken. Allerdings war immer nur einer dran und die anderen mussten Schlange stehen.

Es war ein Brüderpaar, dass diese Technik verfeinerte. Die Gebrüder Lumière hatten sich nämlich grün und blau geprügelt, wer jetzt mit dem Gucken dran war, bis sie irgendwann auf die Idee kamen, den Kinematografen zu erfinden, eine Mischung aus Kamera und Projektor.

Damit war das moderne Kino gegründet, und alle Geschwister konnten friedlich gleichzeitig gucken.

Um diesen feierlichen Moment zu würdigen, führten die Brüder ein Meisterwerk auf: den Film *Arbeiter verlassen die Lumière-Werke*. Darauf waren Arbeiter zu sehen, die die Lumière-Werke verließen. Die geplanten Fortsetzungen *Arbeiter essen Suppe* und *Arbeiter kehren in die Lumière-Werke zurück* realisierten die Brüder nicht mehr, sie waren wohl zu aufwendig.

Allerdings zeigte Eberhard Knopf, der ein Lichtspielhaus am Spielbudenplatz der Hamburger Reeperbahn betrieb, etwas später ein dreiteiliges Epos im Stil von *Herr der Ringe*:

Teil 1: *Ankunft eines Eisenbahnzuges*
Teil 2: *Einschiffung auf hoher See*
Teil 3: *Ein Bauernwettreiten*

Dass das Kinogeschäft abhob wie eine Rakete, ist mir ein Rätsel.

In meiner Kindheit gab es berauschte Cineasten, Menschen, die das Kino so sehr liebten, dass ihre schönsten Jugenderinnerungen nicht mit der ersten Liebe verbunden waren, sondern mit einem großen Abenteuer: Sie postierten sich heimlich am Ausgang des Kinos, schlichen sich heimlich nach Vorführungsende hinein, versteckten sich unter den Sitzen zwischen Popcornkrümeln und Colapfützen und warteten auf die nächste Vorführung.

Wir hatten einmal überlegt, ob wir das tun sollten, aber ich glaube, das war ein rein amerikanisches Jugendphänomen. In Deutschland gab es grimmige Aufseher, die an der Tür standen, Leute rausließen, uns argwöhnisch anglotzten und die Tür vor unseren Nasen zuknallten und mit Stahlriemen verschlossen. Sie hatten wahrscheinlich Abzeichen und Waffen unter ihren Pullovern.

Alex und ich standen inzwischen vor diesen Schaukästen, in denen Szenenfotos aus aktuellen oder bald startenden Filmen aufgehängt waren.

»Hach«, entfuhr es mir. »Da ist sie.«

Auf dem Foto zu einem Film, der nächste Woche starten sollte, war Elisabeth Shue zu sehen, und sie lächelte mich an. Ich kannte sie noch aus *Die Nacht der Abenteuer*. In der Eingangsszene tanzte sie in blauem Nachthemd zu *Then He Kissed Me* von The Crystals durch ihr geblümtes Schlafzimmer und in mein Herz – sie war kurzzeitig die Liebe meines jungen Lebens. Als wir noch nicht jedes Detail aus dem Privatleben im Netz fanden, konnten wir uns in unseren Träumen ausmalen, dass Filmschauspielerinnen in echt so waren wie ihre Figuren.

An jenem Abend entschieden wir uns aber für *Rain Man* mit Dustin Hoffman und Tom Cruise, da die einzige Alternative, der Horrorthriller *Sie leben,* daran scheiterte, dass wir nicht über die kriminelle Energie verfügten, uns gefälschte Ausweise zu besorgen.

Und so traten wir in den Saal ein. Der große Saal. Die Leinwand, die Krümel auf den vergilbten Sesseln, die Anspannung und die anstehenden Hahnenkämpfe um den Platz auf der Armlehne. Ich liebte es.

»Da vorne«, sagte Alex und zeigte auf zwei freie Plätze vorne. Wir Kinogänger waren eine große Familie, wir halfen uns, wie es nur ging, und so standen alle mit Pappbecher und Zigarettenverpackungen in den Händen gerne auf, damit wir durchgehen und uns setzen konnten, und sie standen gerne auf, als mir einfiel, dass ich vorher besser noch mal zur Toilette gehen sollte, sie standen auf, als ich zurückkam und erneut zweimal, als Alex einfiel, besser noch etwas zu trinken zu besorgen.

Ich liebte es, wenn die leise säuselnde Musik aus den Lautsprechern aufhörte und der Saal dunkler wurde. In unserem Kino gab es einen roten Vorhang vor der Leinwand, der aufging und uns mitnahm in diese wundervolle Zauberwelt beziehungsweise zunächst in die Welt von Herbert Kulpendorfers örtlichem Fachbetrieb für Badezimmerumbauarbeiten, denn in den ersten Minuten warben Dienstleister, die sich Bewegtwerbung nicht leisten konnten, in einer Art Diashow für ihre Telefonnummern.

Das Licht ging wieder an, der Vorhang zu und wir durften Naschzeugs kaufen, ehe die Trailershow vor dem Spielfilm begann. In deutschen Kinos hatte die amerikanische Besatzung in den Fünfzigerjahren das Gesetz eingeführt, dass dem Zuschauer Popcorn angeboten werden musste. In den Vereinigten Staaten, Österreich, Spanien und Südamerika war gesalzenes und mit Butteraroma versehenes Popcorn die Regel. In Deutschland war man so schlau, das Popcorn zu zuckern, damit es nach etwas schmeckte.

Als ich das erste Mal Popcorn aß, verlor ich einen Teil meines Zahns, da sich die Masse bei manchen nicht ganz aufgepoppten Maiskörnchen so zusammenzog, dass sie hart wurden wie ungekochte Nudeln. Seither mochte ich Popcorn nicht sonderlich.

Stattdessen kauften Alex und ich neongelbes und neonrotes Eis am Stiel, das wir gut gelaunt zwischen den Beinen auf den Sitz tropfen ließen. Der Vorhang ging wieder auf und beworben wurde ein altmodischer Film mit dem Namen *Cinema Paradiso*. Im Trailer war ein Mann in weißem Unterhemd zu sehen, ein Filmvorführer namens Alfredo, der eine Filmrolle in eine Spule legte, dabei rauchte und so innig guckte, als hätte er gerade die Decke der Sixtinischen Kapelle fertig bemalt.

Damals liefen Filme im Kino über Spulen. Ein durchschnittlicher Spielfilm bestand aus fünf Rollen, die mitunter 40 Kilogramm wogen. Der Vorführer musste, sobald eines von ihnen durchgelaufen war, sofort die nächste Rolle in einen Projektor legen und stimmig überblenden, sodass es der Zuschauer im Saal nicht merkte. Er hätte es freilich merken können, denn für einen Augenblick erschienen in der oberen rechten Ecke auf der Leinwand geometrische Formen, ein Kreis oder ein Dreieck, die den Wechsel ankündigten.

Doch auch zwischen den Überblendungen hatte der Filmvorführer gehörig Stress, weil manchmal das Band riss und während wir Zuschauer überlegten, ob wir gerade einem kunstvoll in das Werk geflochtenen Gedankenstrich des Regisseurs beiwohnten, über dessen Sinn wir später debattieren durften, schnippelte der Vorführer zwei oder drei Bilder mit der Schere aus dem Film, warf sie in den Müll und klebte die losen Enden neu zusammen, kurz bevor wir doch noch auf die Idee kamen, »schon wieder gerissen?« zu brüllen.

Rain Man begann unerwartet. Wir hörten im Hintergrund Maschinengeräusche und blickten auf die Skyline einer amerikanischen Stadt, deren Himmel von Kabeln durchzogen war. Plötzlich schwebte ein Lamborghini durch die Wolken. Er hing an vier Stahlseilen und wurde langsam auf uns Zuschauer heruntergelassen, und wir hatten das Gefühl, dass man uns darunter begraben würde, bis ein gewagter Schnitt Tom Cruise mit Sonnenbrille ins Spiel brachte.

Wir sahen zu, wie sich Tom Cruise vom selbstverliebten Autohändler durch die Beziehung zu seinem autistischen Bruder in einen mitfühlenden Menschen verwandelte. Wie oft bei Hollywoodfilmen verließen wir den Saal mit dem Gefühl, dass die Welt trotz aller Gewalt da draußen ein klein wenig besser geworden ist.

Heute ist das nicht mehr so. Zwar liebe ich es, auf dem iPad gestreamte Filme zu schauen, aber dann sehe ich eine Sekunde nach dem Abspann bei SPIEGEL ONLINE, dass die Welt keinen Deut besser geworden ist – sie ist sogar mehrere Deut schlechter geworden.

Damals waren Alex und ich einfach nur glücklich und sinnlich ausgelaugt.

Gegenüber dem Kino war ein Imbiss. Alex war so durch den Wind, dass er zum Verkäufer sagte: »Einmal Pommes ohne Fritten, bitte.«

Der Niedergang des Kinos und der Videotheken begann nicht erst mit dem Internet. Die erste Krise kam mit der Videothekenkette, die aus Filmen eine Discount-Ware machte. Auch unserem Knut setzte eine dieser Ketten eine Filiale vor die Nase, ungefähr 600 Meter Luftlinie von ihm entfernt, an der viel befahrenen Hauptstraße.

Knut, das muss ich sagen, wehrte sich wie der Held aus einer griechischen Tragödie. Wenn schon untergehen, dann mit Grandezza.

Er lud alle Noch-Kunden auf eine kostenlose Reise ein zu den Schlössern Ludwigs des II. aus Bayern. Alex und ich waren Stammkunden, also reisten wir selbstverständlich gratis mit, obwohl das Angebot »eigentlich« für Erwachsene galt. Aber er freute sich auf uns.

Wir saßen im Bus und ruckelten durch Süddeutschland. Knut stand vorne neben dem Fahrer und hatte ein Mikrofon in der Hand. Er erzählte abwechselnd von Ludwigs und Knuts Untergang, der eine mit den Schlössern, der andere mit Filmen in Plastikboxen.

Später saßen wir zusammen im Biergarten, aßen Weißwurst mit Senf, und klopften Knut auf die Schulter, wird alles schon, man kennt sich und hält zusammen in unserer kleinen Welt der Filmkunst.

Als wir zurückkamen, schauten wir uns die Konkurrenz einmal an. Sie war billiger – deutlich billiger. Es gab schon bei zehn Filmen einen umsonst. Mehr Auswahl gab es auch. Hinter der Theke saß eine Frau, deren Namen wir nicht kannten, wir siezten uns, und sie verlieh uns Filme nur gegen einen Altersnachweis.

Knuts Laden schloss ein Jahr nach seiner Werbetour die Pforten.

Doch auch nach Etablierung der Ketten ging es mit

den Videotheken weiter bergab: Erst kamen die File-sharing-Börsen im Netz, dann das Streaming. Videotheken machten dicht, Kinos waren keine orientalischen Tempel mehr, sondern klobige Gebäude, vor denen Geschäftsleute standen und sich grämten, dass da nichts drin war, womit man Geld verdienen konnte.

In Bonn gab es ein Kino im Art-déco-Stil mit knapp 900 Plätzen, Baujahr 1928. Der erste Film, der hier lief, war *Kampf ums Matterhorn* mit Luis Trenker in der Hauptrolle. Die Menschen starrten auf die weißen Gipfel, sie wussten damals nicht, wie das aussah, da oben auf den Bergen. Inzwischen wissen sie es aus dem Internet. Heute verkauft die Handelskette Thalia in dem einstigen Kino Bücher, immerhin. Die Kultur ist wenigstens geblieben.

In dem zweiten großen Kino in der Bonner Innenstadt gibt es heute Biolebensmittel. In den vergangenen zehn Jahren schlossen in Deutschland 200 Kinosäle und damit ungefähr jeder neunte.

Nachdem Alex und ich unsere Fritten verspeist hatten – der Verkäufer hatte ein Nachsehen und reichte Alex seine Pommes mit Fritten und ohne Ketchup – warteten wir im Dunkeln auf den Bus nach Hause, denn unsere Eltern hatten keine Lust, uns faule Säcke auch abzuholen.

Auf dem Rückweg fuhr der Bus eine kleine Schleife durch die Straße, in der Knuts Videothek stand. Knut hatte Feierabend gemacht und die Türen geschlossen. Der Mann mit dem Schiesser-Hemd saß noch auf der Veranda in seinem Garten, rauchte Pfeife und hatte ein Buch auf seinem Schoß liegen. Er sah uns durch die Scheiben und hob das Buch zum Gruß zu seiner Krempe, und wir nahmen uns vor, in der folgenden Woche *Die Halbstarken* auszuleihen.

Einmal RIESE
mit VANILLE, bitte

Als ich nach Bonn zog, kannte ich niemanden und verbrachte viele Stunden damit, durch die Straßen zu gehen und mir die Geschäfte von außen anzusehen. Ich ging nicht hinein, weil ich eine Beklemmung spürte, sobald mich Verkäufer ansprachen. Ohne Leute zu kennen, fühlte ich mich schutzlos, selbst beim Einkaufen.

Abends saß ich in meinem Zimmer in der Altstadt, hörte Musik und überlegte, ob es falsch war, in diese beschauliche Stadt zu ziehen. Das gute am Internet ist heute, dass man allerorten eine Verbindung zum Vertrauten in der Hosentasche hat, aus der man Kraft schöpfen kann, trotz der Erkenntnis, dass virtuelle Freundschaften fragil sind.

Es war nicht einfach, herauszufinden, was ich abends oder an den Wochenenden machen könnte. In der Zeitung gab es einen Veranstaltungskalender, aber ich ging nicht gerne allein aus, denn es fiel mir schwer, mit fremden Menschen umzugehen. Ich ging Small Talk aus dem Weg. Für mich waren soziale Beziehungen anstrengend, da ich dazu neigte, jede Geste zu deuten, eine Neigung, die mich beinahe krank machte.

Nach einigen Wochen lernte ich Leute kennen, und die Stadt veränderte sich. Sie war freundlicher, intimer, aufgeräumter. Ich kannte Geschäfte, ich wusste auch, wo ich abends am Wochenende hinkonnte, weil sich dies unter der Woche herumsprach. Wir brauchten weder einen Veranstaltungskalender noch eine Zeitung. Ein Konzert oder eine Party – das alles erfuhren wir, weil einer von uns auf ein Plakat geschaut, einen Flugzettel bekommen, im Radio oder beim Friseur etwas gehört hatte. Wir erfuhren ebenso leicht von kurzfristigen Absagen – etwa durch eine Band, deren Sänger Schluckbeschwerden hatte, was bedeutete, dass er voll war wie eine Haubitze.

Drei Monaten später zog ich um, aus der Altstadt weg in ein Studentenwohnheim. Mein Zimmer in der Altstadt war ich leid. Es hatte nur ein Waschbecken und eine Dusche gab es nicht, dafür ein Schwimmbad ein paar Hundert Meter weiter. Meine Vermieterin war eine alte Frau, die auf Kriegsfuß mit ihrer Katze stand. Sie versuchte, das Tier vom Garten fernzuhalten, doch in Katzen steckt das Blut bengalischer Tiger und die Sehnsucht nach Ferne, und als die Vermieterin die Katze am Hals packen und die Treppen hochschleifen wollte, fauchte sie, fuhr ihre Krallen aus und riss Löcher in die Strumpfhose der alten Frau, die schrie wie sie es sonst nur tat, wenn die Stadt die Müllgebühren erhöhte.

Marco eilte aus meiner Heimat herbei und half mir

beim Umzug. Das Wohnheimzimmer hatte einen Tisch, ein Bett, einen Schrank und ein Waschbecken und die Größe einer Gefängniszelle. Aber weil ich mich inzwischen behaglich in der Stadt fühlte, mussten die Wände und Möbel in meinem Zimmer nicht mehr so kühl und farblos wie meine anfängliche Stimmung sein, sie durften warm und mitfühlend sein wie Kerzen aus Honigwachs.

»Du brauchst Accessoires«, stellte Marco fest, wobei er Accessoires gallig aussprach. Da, wo wir herkommen, verachteten wir Fremdwörter. Ansonsten hatte er aber recht. Ich brauchte ein Poster für meine kahlen Wände und Raumschmuck, zum Beispiel einen Kerzenständer oder eine Lavalampe.

»Wir gehen zum Flohmarkt«, sagte ich, denn damals gab es kein eBay, kein Markt.de und Kalaydo. Von meinen Kommilitonen (Marco zog bei dem Wort die Augenbrauen zusammen) wusste ich aber, dass einmal im Monat in der Bonner Rheinaue ein Flohmarkt stattfand.

Flohmärkte waren eine eigene Welt, in der gebrauchte Waren Denkmäler des Altertums waren, welche die Händler dem Haus der Geschichte oder einer ägyptologischen Sammlung hätten überlassen können, doch aus Altruismus boten sie dem gewöhnlichen Volk Auserlesenes an, obschon dieses gelegentlich dazu neigte, den Beruf des Trödlers gering zu schätzen – wir nannten Trödler liebevoll Halsabschneider.

Ich wollte den Tag zudem nutzen, um nicht nur nach Accessoires, sondern auch nach einem Buch mit Emily Dickinsons Gedichten auf Englisch zu suchen. In den

Versen, die ich von ihr kannte, fand ich mich oft wieder, daher wollte ich mehr von ihr lesen, aber die damals im Handel erhältlichen Bücher enthielten nur eine kleine Auswahl. Meine Hoffnung ruhte auf vergriffenen, älteren Büchern, also blätterte ich in den Gelben Seiten und schaute unter »A« wie Antiquariat.

Öffnungszeiten standen dort leider nicht drin, weshalb ich in den vergangenen Wochen immer wieder vor geschlossenen Türen gestanden hatte, als ich einkaufen wollte, zumal viele Geschäfte damals unverschämterweise Mittagspausen machten. Mit der Zeit entwickelte ich ein Gespür dafür, welche Geschäfte aufhaben könnten und welche nicht.

Es wurde später Vormittag, als wir losfuhren. Wir wollten zunächst in das Antiquariat und uns dann vom Zentrum zum Flohmarkt durchschlagen, denn das mussten wir damals, als das Internet uns nicht erklären konnte, wie wir von A über B nach C kommen. Es war gewiss leicht, auf Fahrplänen die Abfahrtszeiten zu direkten Zielen abzulesen, aber sobald die Fahrt einen Umstieg erforderte, waren wir aufgeschmissen.

Wir konnten bei den Verkehrsbetrieben anfragen, aber meist studierten wir lieber das dicke Streckenbuch. Büchern vertrauten wir mehr als den Servicemitarbeitern, denn die gingen bei der Streckenberatung davon aus, dass Umsteigezeiten von einer halben Sekunde ausreichten, weil Bahnen und Busse ihrer Meinung nach pünktlich kamen. Das lag daran, dass Bahn- und Busmitarbeiter in ihrer Freizeit mit dem Auto fuhren.

In dem Streckenbuch blätterten wir, und dann rechneten und verglichen wir, als ginge es um den Beweis für die Äquivalenz von Masse und Energie. Wir schrieben verschiedene Zeiten auf ein kariertes Blatt Papier, zogen sie voneinander ab, dachten uns Formeln aus, umkreisten sie und verbanden die Zahlen mit Pfeilen – und das alles, um herauszufinden, welche Einzelstrecken sich wann und wo überkreuzten. Mathematik und Geografie waren damals Schulfächer, deren Grundlagen wir im Lebensalltag gebrauchen konnten.

Aber Marco und ich hatten großes Glück: Nach einer halben Stunde Arithmetik hatten wir begriffen, dass eine Bahn direkt in die Rheinaue zum Flohmarkt fuhr.

Doch zuerst ging es zum Antiquariat. Es war Torheit zu glauben, dass Antiquariate zufällig bestimmte Bücher hatten, als wir noch nicht wie heute in 10 000 Antiquariaten zwischen Südpol und Nordpol gleichzeitig suchen konnten, aber aus Gründen, die noch nicht erforscht sind, hatten örtliche Antiquariate selbst exotische Bücher stets in ihren Regalen stehen.

Das Antiquariat befand sich im zweiten Stock eines Einkaufszentrums, das in unserem kleinen Bonn den Hauch von Metropolen-Flair verströmen sollte, was bedeutete, dass im ersten Stock ein elegant gekleideter Herr luxuriöse Lautsprecher an Leute verkaufte, die beim Musikhören ein Gespür für Nuancen hatten.

Neben dem Lautsprecher-Laden gingen wir durch eine Tür und dann im schwachen Licht eine Treppe hoch. Oben blieben wir vor einer Glastür mit nebligem Blümchenglas stehen, das Glaserei-Fachbetriebe als Kathedralglas verkaufen, weil sich Autobahntoilettenglas nicht so gut anhört. Auf einem Messingschild daneben stand nichts weiter als »Antiquariat«.

Ich öffnete die Tür und roch Staub und Moder. Vor mir lag ein dunkler Raum mit braunem, fleckigem Teppichboden, in dem sich ein Bücherregal an das nächste reihte. Einige standen an den Wänden, andere quer im Raum, von oben betrachtet musste es aussehen, als könnte man hier Pacman spielen.

Der Antiquar hätte das aber nicht lustig gefunden, weil er aussah, als würde er nichts lustig finden, nicht einmal etwas Lustiges. Er saß hinter einem Holztisch aus hochwertigem Kirschrot und sah mit seiner Brille, seinem weit zurück geschnittenen Pony und dem verdünnten Haar am Ohr aus wie Bertolt Brecht – oder besser, wie eine Skulptur von Bertolt Brecht. Er rührte sich nämlich nicht, sondern schaute auf einen Röhrenmonitor, der seinem Gesicht einen leichten Grünstich gab.

Er sah nicht aus, als würde er computerspielen oder Text eintippen und viel mehr konnte man damals mit Computern nicht machen. Er sah aus, als wollte er den Bildschirmschoner durch die Kraft des Anstarrens in die Unterwelt verjagen.

Marco ging nach links, ich nach rechts, so als würden wir den Mann militärisch einkreisen. Ich sah im Regal vor mir Christa Wolfs Werke neben denen von Heinz G. Konsalik stehen und überlegte, welches Sortiersystem vorherrschte. Der Antiquar war offenbar ein Querdenker.

»Hier gibt's zwei Regeln«, flüsterte mir Marco ins Ohr, da er mir inzwischen gefolgt war, weil es in seiner Richtung keine Videokassetten gab. »Die erste ist, sprich den

Verkäufer nicht an und die zweite, kaufe nichts, sonst ist Regel eins hinfällig.« Ich lächelte, weil ich dachte, es wäre ein Scherz, aber offenbar hatte er Bertolt Brecht taxiert wie General Sunzi seine Feinde.

Ich streifte weiter durch die Reihen, und sobald ich ein Buch herauszog, spürte ich diesen Blick in meinem Nacken, wie ich ihn von meinen Brüdern kannte, wenn ich ihr Spielzeug aus einer Kiste genommen hatte. Womöglich würde Bertolt Brecht gleich angeschossen kommen, mir das Buch aus der Hand reißen und mich anfauchen: Damit spiele ich jetzt!

Marco stand noch hinter mir und machte ein Gesicht, als hätte er einen raffinierten Einfall. »Ich gebe dir einen aus, wenn du den Mann ansprichst«, sagte er und machte Geräusche, die Pferde machen, wenn man sie am Hals kitzelt.

Was soll's? Ich war hierhergekommen, weil ich ein Buch suchte, deshalb ging ich mit Mut im Herzen und Pudding in den Beinen zu dem Mann hin. Vor seinem Tisch baute ich mich auf wie ein Gladiator vor einem Löwen.

Ich räusperte mich. Er reagierte nicht.

Ich hustete. Er reagierte nicht.

Ich sagte: »Hallo.« Er reagierte nicht.

Das kann nicht wahr sein, dachte ich. Ich schaute mich nicht um, weil ich Marcos Grimasse nicht sehen wollte. Stattdessen feuerte ich mich innerlich an. »Du bist ein Krieger«, sagte ich zu mir, »Du bist ein Krieger. Du lässt dich nicht einschüchtern.«

»Also!«, sagte ich. »Ich suche ein Buch mit Gedichten von Dickinson.« Ich machte eine kurze Pause, damit er es hinunterschlucken konnte. »Emily Dickinson. Auf Englisch.«

Er antwortete nicht, stattdessen tippte er etwas auf seiner Tastatur. Ich musste raten, ob er in einer Datenbank nach dem Buch suchte oder kurz davor war, seinen Bildschirmschoner zu töten. Aber er stand nach einer Weile auf, ging zu einem Regal und legte mir sachte ein Buch mit Gedichten von Emily Dickinson in die Hand. Er hatte noch immer kein Wort mit mir gewechselt und ging zu seinem Tisch zurück. Auf dem Preisschild stand: 50 DM.

»Meinst du, ich soll verhandeln?«, fragte ich Marco, der daraufhin wieherte. Er stand auf der Rückseite des Regals, zu dem mich Bertolt Brecht geführt hatte und schaute mich mit einem Auge wie ein Zyklop durch das Loch an, das Emily Dickinson hinterlassen hatte.

»Psst. Wenn du es machst, gebe ich dir noch einen …«

»Halt die Klappe«, sagte ich, stellte das Buch zurück ins Regal und ging mit schweren Schritten zur Tür, die ich zufliegen ließ, in der Hoffnung, dass sie Marco den Schädel einrammte.

Das Antiquariat gibt es heute nicht mehr. Dabei hätte ich mir zu gerne vorgestellt, wie Bertolt Brecht seinen Kunden online grimmige Blicke zuwirft. Womöglich hätte er ein Emoticon auf seine Korrespondenz gesetzt: einen grünlichen Mann mit fülliger Brille, verflochtenen Armen und aufgeworfenen Lippen.

Ich hatte genug von Antiquariaten und deshalb fuhren wir mit der Straßenbahn in die Rheinaue.

Die Rheinaue ist das, was Politiker in Deutschland ein Naherholungsgebiet nennen. Schlichte Geister nennen es einen Park. Er wurde zur Bundesgartenschau 1979 angelegt, als die Bundesregierung drohte, eine große Grünfläche als erweitertes Regierungsviertel mit Betontürmen zuzubauen, aus denen sie noch besser regieren würde. Die Bürger waren damals intelligent und glaubten es nicht, daher riefen sie die Bundesgartenschau zu Hilfe.

Heute ist die Rheinaue ein hügeliges Gelände mit kleinen Seen, einem Wasserfall, einem Bootsverleih und Grillplätzen. Es gestattet von jedem Standpunkt aus den Blick auf einen Turm aus Stahl und Glas mit DHL-Logo auf der Spitze, der dank 1925 Leuchten beim spätabendlichen Relaxen am See ein angenehmes Licht spendet.

Als wir ankamen, hatten die Flohmarktmenschen links und rechts eines kleinen Weges ihre Stände aufgebaut. Der Weg führte um einen Hügel herum bis zu einer Reihe von blauen Toilettenhäuschen und einem Imbiss daneben. Auf der anderen Seite des Hügels ging es zurück zur Bahnhaltestelle.

Der Hügel sah künstlich aus. In manchen Städten tarnen solche Hügel historische Mülldeponien, aber in der Rheinaue war das nicht der Fall. Die Stadt Bonn baut auf alten Müllhalden lieber Sporthallen und Fußballplätze.

Der Flohmarkt war mir gleich sympathisch. Er versprühte einen alternativen Flair, die Verkäufer trugen Holzfällerhemden, als würden sie gleich Grunge-Musik aufdrehen. Die Trödler standen voll second-handy hinter ihren alten Tischen, tranken Tee und hörten Radio. Das Schöne war: Vollkommenheit war hier nicht erwünscht.

Da waren Stände mit Gesellschaftsspielen, bei denen ein paar Figuren, die Anleitung oder eine Ecke des Bretts fehlten. Ferngesteuerte Autos, in deren Batteriefach sich Säure abgelagert hatte, und Geräte »für Bastler«, etwa kaputte Staubsauger oder Soundkarten zum An-die-Wand-Hängen. Beliebt waren Bücher mit historischen Stempeln wie dem Hakenkreuz oder Schallplatten mit vielen Extras wie Fingerfettflecken.

Ich mochte an Flohmärkten alles bis auf das Kaufen. Sobald ich versuchte zu feilschen, sagten die Menschen, »da verdien' ich ja nichts dran!«, es sei denn, es war fünf Minuten vor Flohmarktschluss, dann verdienten sie plötzlich doch was dran.

Aber der Markt war lange nicht zu Ende. Wir schlenderten so dahin, und ich blieb an einem Stand mit Accessoires stehen, zum Beispiel einer orangefarbenen Laterne, die ich mir mit ihrer Sonnensymbolik gut in der Alhambra in Granada vorstellen konnte.

»Diese Laterne da, bei der ein kleiner Kratzer im Glas ist, was kostet sie?«, fragte ich.

»Zehn Mark.«

»Aber der Kratzer ...«

»Zehn Mark.«

»Ich gebe Ihnen fünf.«

»Zehn Mark.«

So ging es die ganze Zeit. Entweder war ich ein Schaf oder ich verkannte den wahren Wert der Produkte.

Hätte der Trödler mir gesagt, Washington Irving hätte seine Erzählungen von der Alhambra im Schein dieser Laterne gedichtet, hätte ich den Zehner hingelegt. Aber er erzählte keine Geschichte. Auf Flohmärkten kaufte ich teure Waren nur mit Geschichten.

Trotz des Murrkopfs hatte ich gute Laune. Das Gras leuchtete grün hinter den Ständen, hier und da spielten Kinder mit altem Spielzeug, das niemand wollte. Es gab mittelalterlich gekleidete Gaukler, die Kegel balancierten, Sänger mit Gitarren, Menschen aller Altersgruppen und Schichten kreuz und quer. Eis und Currywurst waren im Angebot, es roch nach Blüten und an manchen Ständen nach Räucherstäbchen.

Marco sagte »Hey da« und sabberte aus dem Mund, als hätte er seit drei Tagen nichts gegessen und vor sich ein fliegendes Schnitzel entdeckt. Er steuerte auf einen Stand mit Schallplatten zu. Ich ging ein paar Schritte mit, blieb aber an einem Bücherstand hängen. Dort lag ein Buch in Frakturschrift von einem Autor, der mir nichts sagte, aber dessen Werk 30 Mark kosten sollte. »Altes Buch« stand auf einem Zettel, der mit einem Klebstreifen daran befestigt war.

Der britische Autor Julian Barnes schrieb einmal, er ziehe Secondhandbücher den frisch gedruckten vor. Ihr Charme liege darin, dass sie den Besitzer wechselten. Ein Buch schenke einem Menschen sein Weltbild, dann einem weiteren und noch einem – so gehe es Generationen hindurch. Verschiedene Hände hielten dasselbe Buch und zögen daraus die gleichen oder unterschiedliche Weisheiten. Alte Bücher schämten sich nicht für ihre Jahre: Sie hätten Stockflecken wie alte Menschen Leberflecken. Die Bücher röchen gut, selbst wenn es der Geruch von Zigaretten sei.

Julian Barnes schrieb das im Jahr 2012. Offenbar bestellt er Secondhandbücher noch immer nicht im Internet, denn manchmal kommen alte Bücher an und schämen sich wegen der Fruchtfliegen zwischen den Seiten und der Flecken im Einband, die nach Körperflüssigkeiten aussehen und nicht nach Rauch, sondern nach ansteckenden Krankheiten riechen.

Aber dennoch verstehe ich, dass Barnes vom Charme des Gebrauchten schwärmt. Auf Flohmärkte ging ich mit der romantischen Vorstellung, etwas zu kaufen, was nicht für den Massenmarkt gemacht wurde – alte Vasen, kunstvolle Geräte mit Zahnrädern, Kerzenständer, Gläser, wie ich sie mir an diesen raumfüllenden Tafeln bei Königen vorstellte, mit Goldwellen verzierte Teller, Bügeleisen mit Art-déco-Griff oder Gemälde in bronzenen Rahmen, die aussahen, als wären sie geflochten.

Als ich Marco an dem Schallplattenstand eingeholt hatte, holte er gerade eine Platte aus einer Kiste, strich mit dem Finger das Zehn-Mark-Preisschild glatt und zog die Vinylplatte aus dem Cover, was den Händler alarmierte. Er näherte sich Marco, mit Händen in den Hosentaschen, sodass es beiläufig aussah, doch seine Augen verrieten die steigende Nervosität.

Marco steckte den Zeigefinger in das Loch in der Mitte der Platte und kippte sie leicht, sodass die Sonnenstrahlen jede Ritze in allen Schattierungen zeigte. Dabei stupste er die Platte mit dem linken Zeigefinger am Rand an, sodass sie sich drehte. Den Kopf hatte er nach vorne gebeugt. Er tat, als würde er reinhören.

Der Händler stand jetzt direkt neben ihm. Die Hände hatte er nicht mehr in der Hosentasche.

Auf Marcos Stirn zeigten sich Falten. Er steckte die Platte wieder in das Cover und das Cover zwischen die anderen Platten in die Kiste, holte es nach ein paar Sekunden wieder raus und sagte so etwas wie »Hachz«. Dazu machte er ein Gesicht, als wolle er nichts kaufen, als wäre ihm das Geschäft zuwider, aber Herrgott, weil die Sonne scheine, würde er die Platte vielleicht mitnehmen. Er schaute auf das Preisschild und sagte scheinheilig: »Zehn Mark? Neu ist sie aber nicht.« Dabei strich er über die Ecke der Pappe, die gewellt war. »Ich gebe Ihnen sieben, aber dafür nehme ich noch eine von denen da hinten mit.«

Er drehte sich um, wühlte in der Fünf-Mark-Plattenkiste, zog kopfschüttelnd eine raus und hielt beide nebeneinander, als spielte er »Finde den Fehler«. Er bekam beide Platten für neun Mark. Hinterher sagte er, dass er von Anfang an beide wollte.

Wir gingen zu einem Stand, an dem Tücher mit hinduistischen Motiven angeboten wurden. Marco sagte: »Das ist nicht dein Ernst.« Aber ich war einige Tage vorher bei einer Studentin zum Yogi-Tee eingeladen gewesen. Sie hatte ihren Raum mit indischen Tüchern drapiert und auf diese Weise die hässliche Decke ihres Wohnheimzimmers verdeckt. Die Tücher hingen herunter und das Zimmer sah aus wie das Zelt eines Scheichs in der Sahara. Ich fühlte mich geborgen.

Auf dem Tuch der Händlerin war Vishnu zu sehen, eine hinduistische Gottheit, die auf einem Garuda reitet, ursprünglich ein Mischwesen aus Mensch und Adler, das allerdings auf dem Tuch eher dem Hahn in unserem Garten ähnelte, nachdem mein Bruder versucht hatte, seinen Kopf in Wasser zu tunken. Der Hahn war damals geflohen und fortan so sauer, dass er jedes Mal, wenn ich im Garten weilte, auf mich losging, als wäre er der mächtige Adler. Ich musste rennen, um heil durch den Hühnerbereich zu kommen, und es half nichts, dass ich ihm ständig entgegenbrüllte, dass ich es nicht war, dass er bitte schön meinen Bruder zerhacken sollte.

Die Frau, die das Tuch anbot, trug einen traditionellen Sari, die schwarzen Haare glänzten und hingen ihr hinunter bis zur Hüfte. Auf ihrem Oberarm hatte sie das Om-Zeichen in der Devanagari-Schrift tätowiert. Es sah aus, als würde ein Mann mit Flügeln und quadratischem Kopf der Zahl »3« in den Hintern treten. Ansonsten wirkte die Frau ziemlich deutsch. Sie guckte verträumt. Vor ihr zündelte neben ein paar Shishas ein Räucherstäbchen mit Vanillegeschmack.

Ein Duftforscher erzählte mir einmal, dass Gerüche unbewusst Erinnerungen in uns wecken und uns beeinflussen, ohne dass wir es merken. Vanille, zum Beispiel, erinnert mich an Abende in Wohnzimmern mit Weihnachtsplätzchen und Glühwein. Bei solchen Assoziationen werde ich weich im Verkaufsgespräch.

Ein Mann, der die taktile Wahrnehmung erforscht, erklärte mir, dass auch Berührungen mich kaufbereiter machen. Insbesondere wenn ich eine Tasse Tee in der Hand halte, die sich warm anfühlt, finde ich einen Verkäufer netter − aber das funktioniere grundsätzlich bei allem, was ich anfasse. Falls Ihnen mal ein Vertreter an der Haustür etwas in die Hand drückt, wissen Sie jetzt warum.

Ich atmete die Vanille ein, befühlte das Vishnu-Tuch und kaufte es ohne Feilschen für fünfzehn Mark. »Das ist nicht dein Ernst«, sagte Marco und meinte sowohl das Tuch als auch den Preis.

Später versuchte ich es in meinem Studentenzimmer ähnlich durch den Raum schwingend an der Decke aufzuhängen wie die Yogi-Tee-Studentin, aber es gelang mir nicht und so befestigte ich es wie ein Poster mit zwei Reißnägeln an der Wand, was aussah, als hätte ich einen Tresor getarnt. Das Tuch roch nicht nach Vanille, und bei einem späteren Umzug wickelte ich damit einen Spiegel für den Transport ein. Gott Vishnu verschwand schließlich in den Umzugskartons.

Heute kaufe ich so etwas gar nicht erst. Die Waren riechen im Netz nach nichts und die Verkäufer geben sich keine Mühe, in den Fotos eine Stimmung zu erzeugen. Die Leute fotografieren zum Beispiel einen goldenen Becher mit Ornamenten nicht auf einem schweren Eichentisch und füllen ihn nicht mit Rotwein. Stattdessen legen sie ihn auf Luftpolsterfolie und manchmal setzen sie mit Photoshop in roter Schrift die URL ihres Onlineshops darüber. Was online zählt, ist nicht die Wirkung, sondern das Aussehen, der Gebrauchswert, der Zustand, der Preis und die Bewertung.

Marco und ich waren wieder auf dem Rückweg, da sahen wir auf einem Tisch eine kleine Figurensammlung: Engel, Feen, Zwerge und Zauberer. Sie standen in einem Halbkreis, als würden sie sich beraten. Eine Figur stand jedoch etwas abseits: ein alter, aber kräftiger, riesiger Mann mit einem Bart, der bis zu den Knien reichte. Er war aus Stein, stand breitbeinig auf einem Felsen und hatte eine Kuh unter den Arm geklemmt. Mit der freien Hand schwang er einen Hammer hoch über den Kopf. Er war nackt und sein Geschlechtsteil war nicht viel kleiner als sein Hammer.

»Kann man den an den Wasserhahn anschließen?«, fragte Marco.

Der Mann, der hinter dem Tisch saß, hieß Gunter, wie auf einem Schild an seiner Brust in Handschrift stand. Gunter hatte seine Hände über den Bauch gelegt und grinste durch einen grauen Bart, der nicht ganz so lang war wie der Bart der Steinfigur.

»Das ist Cormoran«, sagte er mit einer felsigen Stimme, wie sie der nordische Gott Thor gelegentlich an Tagen aufgesetzt hatte, an denen er in Erzähllaune war und sich zu den Wikingern ans Feuer setzte. »Cormoran war ein Riese, von dem gesagt wird, dass er St. Michael's Mount geschaffen hat, eine steinige Insel an der Südwestspitze Englands. Sie ist dort als der graue Stein im Wald bekannt, weil Briten nicht so genau wissen, was ein Wald ist.«

Gunter machte eine Pause, die wir wahrscheinlich mit Lachen füllen sollten wie bei amerikanischen Sitcoms. Den Gefallen taten wir ihm zwar nicht, aber wir grinsten ein bisschen.

»Cormoran soll bei Ebbe weiße Granitsteine vom Festland hinaus ins Meer getragen haben, um sich eine Festung zu bauen. Er versteckte dort das Vieh, das er von seinen Raubzügen auf dem Festland mit auf die Insel nahm. Seine Frau hatte wenig Verständnis für seinen Steingeschmack. Und als er schlief, schleppte sie das viel schönere, feinkörnige Elvan an, ein reizendes Gestein, aus dem die Menschen in Cornwall prächtige Gebäude erbaut hatten. Aber Cormoran wachte auf und trat seiner Gemahlin in den Hintern, worauf sie ihre Steine fallen ließ. Daraus entstand Chapel Rock, eine heute noch sichtbare Steininsel. Was dann passierte, ist nicht überliefert, aber Cormorans Frau schien von dem Tritt nicht sehr angetan gewesen zu sein, weshalb Chapel Rock in Cornwall heute auch als Cormorans Grabstätte bekannt ist.«

Gunter nippte an seiner Kaffeetasse und sah uns vergnügt an.

»Ist nicht wahr«, sagte Marco. »Ein wahrhaft heroischer Tod.«

Marco und ich legten zusammen, um die Figur mit ihrer Geschichte zu kaufen – für zwanzig Mark. Wir gingen nach Hause mit einem warmen Gefühl im Herzen, als hätten wir nicht eingekauft, sondern Kultur erlebt. In den folgenden Monaten nutzten wir Cormoran als Wanderpokal, den derjenige erhielt, der eine gute Geschichte zu seinem Secondhandkauf zu erzählen verstand.

Das ZEN des
OFFLINE-Shoppings

Die Wiese erstreckte sich bis zu einem Wald hin, links
und rechts war sie von Feldern umgrenzt, die braun in
der Herbstsonne leuchteten. Es gab vereinzelt Bäume,
und ein paar Holzpfähle standen herum, wo vor einiger
Zeit ein Zaun gewesen war. Es roch nach frischer Erde,
vom Wald kam eine Brise mit dem Duft gefallenen Lau-
bes.

Ich war gerade angekommen, und Isa und ihr Vater
wollten einen Drachen steigen lassen, der wie Batman
aussah, nicht in der coolen, schwarzen Kluft des heutigen *Dark-Knight*-Batmans, eher schrill-blau wie in *Batman hält die Welt in Atem*.

Isas Vater stand einige Meter von ihr entfernt und
hielt den Drachen fest, Isa hielt einen blauen Ring in der
Hand, an dem das Ende des Lenkseils befestigt war. Ihr
Vater schrie »Los« und Isa rannte so schnell sie konnte
die Wiese entlang, stolperte dabei aber über die Füße.
Der Drache machte eine Acht in der Luft, das Zeichen
für Unendlichkeit, und sank mit der Spitze voraus ins

irdische Gras. Isas Vater winkte ungeduldig und stammelte »Du musst …«, verschluckte aber den Rest, womöglich »schneller rennen«, »auf die Füße gucken« oder »es so machen wie ich früher«.

Isa blieb unbeirrt. Sie hatte ihre schwarzen, langen Haare zu einem Zopf zusammengebunden, und sie beherrschte mit ihrem bleichen, länglichen Gesicht eine vollkommen ausdruckslose Miene, die sie stets aufsetzte, wenn emotionale Gefahren drohten. »Ich bin aus Eis«, sagte sie einmal ganz leise, als sie von einer Lehrerin in der Grundschule zur Schnecke gemacht wurde. Eine eiskalte Göttin.

Ich wollte auch einen Drachen haben. Isas Vater hatte offensichtlich sowieso keine Lust mehr, auf der Wiese zu stehen, daher war er erleichtert, als Isa sagte, sie würde mich zum Einkaufen begleiten.

Bei uns im Ort gab es früher viele kleine Geschäfte: einen Kiosk, einen Bäcker, der auch eine Tiefkühltruhe mit Lebensmitteln hatte, und zwei Metzgereien, in denen ich immer ein Stück Lyoner bekam. Die besten Chancen auf einen Drachen rechnete ich mir aber in einem Tante-Emma-Laden aus, der weit weg war von den anderen Geschäften, als wolle er nichts mit ihnen zu tun haben.

Verkäuferin war die alte Frau Wirts mit ihrem Dutt im Haar. Sie trug immer ein geblümtes Kleid, in das sie gerade noch so reinpasste. Als ich noch ein Baby war, war sie schon ziemlich alt, und ich glaubte nicht, dass sie irgendwann einmal nicht mehr da sein würde. Das wäre eine schlimme Vorstellung gewesen, denn als Kind mochte ich keine Veränderungen, und der Friedhof war meiner Ansicht nach den Toten vorbehalten, die vor meiner Geburt verstorben waren, nicht den Noch-Lebenden.

Frau Wirts hatte sich nie Mühe gemacht, uns zum Einkauf zu animieren. Man kaufte bei ihr ein, weil man etwas brauchte, nicht, weil es gerade günstig war. Mal gucken, was im Angebot ist, das lagern wir ein, falls wir es mal brauchen – solche Gedanken kannten Frau Wirts' Kunden nicht. Sie hätte ihnen diese Flausen mit dem Besen aus dem Kopf getrieben und die Flausen wären in Panik geflohen.

Als Isa und ich in den Laden rannten, klingelte eine Glocke, und Frau Wirts blickte von ihrer Empore hinter der Kasse über ihre tief hängende Brille auf uns herab. Ich hatte etwas Geld dabei und fragte, ob sie einen Drachen habe. Natürlich hatte sie einen, aber natürlich tat sie erst mal so, als wüsste sie das nicht. Ihre Stimme klang so heiser wie die von Marlon Brando in *Der Pate,* nachdem man ihm die Lunge zerschossen hatte.

Frau Wirts sagte, wir sollten warten, sie gehe nach hinten, »mal schauen«. Dort kramte sie drei Drachen hervor, die unter einem Stapel anderer Sachen lagen: Keksdosen, Kuchendosen und Kühlpatronen. Die Produkte des täglichen Bedarfs waren vorne im Laden positioniert, alles andere im Nebenraum gestapelt.

In einer Ecke vor dem Nebenraum stand ein Regal, in dem drei Zeitschriften lagen: Die Aktuelle, Hörzu und Frau im Spiegel. Auf Letzterer stand in großen Buchstaben: »Gracia ahnte ihren Tod voraus. Ein großer Sonderbericht von der Beisetzung.« Zwanzig Jahre später schrieben diese Zeitschriften: »Lady Di ahnte ihren Tod voraus.« Knapp weitere zehn Jahre später ahnten Amy Winehouse und Larry Hagman ihren Tod voraus. Manche Sachen ändern sich nie.

Im selben Regal lagen ein paar Stifte, ein Füller, rote, grüne und blaue Schnellhefter, etwas weiter unten Wrigley's Juicy Fruits, ein Ledergürtel, Zahnbürsten und Stirnbänder für Aerobic oder Diskothekenbesuche.

Es roch nach Tabak, Leder und Moschus.

Noch heute denke ich bei Moschus an diesen Laden. Dieses streng riechende Sekret gewannen Menschen in der Antike aus der Drüse am Bauch von Moschustieren. Heute wird es künstlich hergestellt. Aber noch immer schmieren wir Männer uns diesen Dunst auf die Barthaare, damit wir riechen, als würden wir Elche züchten, am Lagerfeuer sitzen, Pfeife rauchen und schwitzen. Frauen stehen darauf, sagen Parfumdesigner.

Die Drachen, die Frau Wirts nach vorne trug, waren altmodisch. Einer hatte ein fröhliches Gesicht und Schleifen, die wie diese Fliegen aussahen, die sich manche Leute um den Hals binden. Der Zweite war grellgrün, ohne Motiv, aber mit zwei langen, zerfransten Schwänzen. Der Dritte war eine niedlich blickende Ente, aber mit viel Fantasie konnte ich sie mir als wahnsinnig gefährlichen Vogel aus einem Hitchcockfilm ausmalen.

Mein Geld reichte nicht für die Ente, sondern nur für den langweiligen Drachen mit der Fliege. Das sagte ich Frau Wirts.

Frau Wirts schob sich die Brille auf die Nase, schob

den Fliegendrachen zur Seite und zupfte stattdessen mit einem Finger das Preisschild von dem Entendrachen ab. Den Preis reduzierte sie auf die Summe, die ich auf den Tisch gelegt hatte. Als sie ihre gewaltige Kasse öffnete, deren mechanische Ziffernanzeige wie die Zähne eines echten Drachen aus dem Kassenboden herausschossen, fragte sie uns – genau genommen drohte sie uns – ob wir ein Eis wollten. Das bekämen wir umsonst und natürlich nickten wir – ich leicht errötet, Isa bleich, als hätten wir etwas Schlimmes angestellt.

Dann holte Frau Wirts ihren dicken Löffel aus Gold, öffnete die Eisdosen, atmete rasselnd ein und aus und keuchte bei jeder Kugel Eis, die sie mit Schwung in die Waffeln hievte. Sie streckte uns die Waffeln hin und als wir sie scheu nahmen, sagte sie, wir sollten danach die Zähne putzen, »sonst setzt's was!«.

Händlerinnen wie Frau Wirts gibt es immer weniger. Die Verdrängung solcher Läden begann bereits im 19. Jahrhundert, als viele Händler in Paris in überdachte Passagen zogen und damit den Grundstein für Warenhäuser legten. Émile Zola hielt diese Zeit in seinen Romanen fest, zum Beispiel in *Der Bauch von Paris*. Darin erscheint die Stadt als gefräßiges Monstrum, in das die Händler morgens hineinfuhren, als würden sie massenhaft Lebensmittel in seinen Bauch stopfen, und abends kutschierten sie den Abfall heraus, als wären es menschliche Ausscheidungen. Es war eine Welt des Aufbruchs, des aufkommenden Kommerzes, der alles Alte auffressen sollte.

Der Franzose Aristide Boucicaut war der Pionier einer

neuen Einkaufswelt. Er begann seine Karriere als Textilhändler, war aber gerissen genug zu erkennen, dass die einfachen Bürger nach all den Waren gierten, die früher dem Adel vorbehalten waren. Statt ausgewählte Artikel anzubieten, setzte Boucicaut daher auf Masse, die schnell wegging. Auf diese Weise senkte er seine Lagerkosten und konnte die Preise drücken. Außerdem weigerte er sich, Einkäufe anschreiben zu lassen, wie es früher die Händler getan hatten. Er führte feste Preise ein mit dem Versprechen, Waren gegebenenfalls umzutauschen. Das moderne Warenhaus war geboren.

Isa und ich kehrten mit unserem Eis und dem Drachen auf die Wiese zurück. Es war glücklicherweise stärkerer Wind aufgekommen, und wir brauchten keine Väter mehr, um Drachen in die Luft zu schicken, wir legten sie auf der Wiese ab und rannten mit dem Seil los. Sie stürmten in die Höhe und vor den aufkommenden grauen Wolken, die aussahen wie alte Burgen mit Zinnen und Türmen, spielte sich an unserem Himmel ein endzeitiger Kampf ab, bei dem Batman, Retter der Menschen, versuchte, meinen irren Vogeldrachen zu vernichten, der sich, als er schließlich tot zur Erde stürzte, wieder in eine arglose Ente verwandeln musste.

Wenige Monate nach unserem Drachenflug starb Frau Wirts und mit ihr der Laden.

Nicht nur in Frankreich, auch in Großbritannien entstanden im 19. Jahrhundert Warenhäuser, darunter das Harrods. Bei einer einwöchigen Englandreise schleuste uns unser Englischlehrer durch dieses mehrstöckige Gebäude, das so prächtig glänzend seine Waren präsentierte, als wären sie Queen Victorias Kronjuwelen. Unser Lehrer erzählte uns, indem er mit dem Regenschirm ausholte und alle Waren in der Luft einrahmte, dass Harrods alles verkaufen würde, was Konsumenten haben wollten: Lebensmittel, Juwelen, Elektrogeräte, Panter, Tiger und Kamele. Der frühere amerikanische Präsident Ronald Reagen hatte einmal angerufen und ein Elefantenbaby bestellt. Der Verkäufer fragte ihn nur: »Einen indischen oder afrikanischen?«, so wie McDonald's-Verkäufer fragen, ob wir Ketchup wollten oder nicht.

Der britische Künstler Noël Coward bekam von seiner Geliebten einen Alligator geschenkt, den sie bei Harrods bestellt und mit der Grußbotschaft »Was gibt's sonst noch Neues?« versehen hatte.

Im Harrods gab es 1898 die erste »bewegliche Treppe«, ein Lederfließband mit Mahagoniegeländer. Die Leute standen davor und wussten nicht so genau, ob sie dem fahrenden Leder trauen durften, glaubten sie doch, dass die raschen Bewegungsänderungen die körpereigenen Innereien durcheinanderbrächten. Angeblich bot Harrods den Kunden, die den Mut hatten, dennoch hochzufahren, oben ein Glas Brandy an, weil Organe bekanntermaßen zurück an ihren Platz wandern, wenn Alkohol durch den Körper fließt.

In Deutschland war Georg Wertheim der große Kommerzpionier. Er übernahm 1876 das Warenhaus seiner Eltern in Stralsund, doch heute erinnert man sich vor allem an seinen Neubau am Leipziger Platz in Berlin. In dessen Eingangsarkaden ließ er kunstvolle Skulpturen aufstellen, die seitlichen Rundbögen und schmalen

Fenster waren mehr von Kathedralen als von Marktplätzen inspiriert. Aus dem Bauwerk gingen die heutigen Kaufhäuser hervor, die wir alle noch kennen, weil sie in unseren Fußgängerzonen ideenlos herumstehen und hin und her verkauft werden, da sie keiner mehr haben will.

Die Verkäufer in diesen Häusern waren anders als unsere Frau Wirts in ihrem Tante-Emma-Laden. Sie kannten ihre Kunden nicht persönlich. Das gehörte schon bei Boucicaut zum Konzept. Die Leute sollten bummeln, stöbern, alles angucken und berühren, ohne dass ihnen jemand ein Eis anbot. Sie sollten sich ungezwungen fühlen und ungehemmt kaufen.

Es ist lange her, aber einmal war ich in so einem Offline-Kaufhaus auf der Suche nach einem Wasserkocher, und wahrscheinlich fragen Sie sich, wie wir zurechtkamen ohne Kundenrezensionen, Tests und Preisvergleiche. Unser Rüstzeug war die kritische Vernunft. Wir sind Geschöpfe einer Art, die mehr als 2000 Jahre tiefenphilosophisches Denken hervorgebracht hat.

Ich trat also in das Warenhaus ein und dachte über die vornehmste Art und Weise nach, eine Kundenberaterin anzusprechen, die sich gerade im Kollegenfachgespräch über ein abstraktes Problem der Philosophie befand, nämlich ob ein Kunde, wenn sie ihm den Sichtkontakt verweigert, überhaupt ein Kunde ist oder ob er gar nicht existiert.

Zunächst versuchte ich mich in das Blickfeld der Beraterin zu bewegen, damit in dieser Hinsicht keine Missverständnisse aufkamen, doch das erwies sich als knifffelig, weil sie sich analog zu meinen Bewegungen weiter drehte, wie der Mond, der uns immer seine schönste Seite verbirgt.

»Na schön«, dachte ich, »es kann ja nicht schwer sein, mit philosophischem Feinsinn einen Wasserkocher auszuwählen«, aber natürlich war es eine Selbsttäuschung, da sich unsere abendländischen Denker mit allem beschäftigt haben, aber nicht dem praktischen Leben.

Ich kreiste die Haushaltsgeräte ein, erblickte einen Toaster und eine aufziehbare Paprika-Küchenuhr, da konnte ich nicht falschliegen. Tatsächlich stieß ich auf verschiedene Kocher, drei Geräte sogar, aber wie entscheiden? Sollte ich mir ein Gerät ansehen, die Packung in die Hand nehmen, das Gewicht erfühlen, die Packung ein wenig drehen und darauf basierend eine Kaufentscheidung treffen?

Platon ging einst davon aus, dass zu jedem irdischen Ding eine ideale Form existiert. Wir sehen in unserer Welt lediglich ungenügende Abbilder. Die drei Wasserkocher sind sozusagen schlechte Varianten des perfekten Wasserkochers. Aristoteles hingegen lehrte uns, dass wir alles, was einen perfekten Wasserkocher ausmacht, durch unsere Sinne erfahren. Da wir viele Wasserkocher kennen, weiß unser Verstand, was die Essenz des Wasserkochens ist.

Ich dachte an Platon, dann an Aristoteles, dann kaufte ich den billigsten Kocher, der im Regal herumstand und fühlte mich wohl.

Wenn ich im Internet bestelle, fühle ich mich nicht wohl. Ich denke, ach, hätte ich das andere Gerät genommen und statt auf die 332 positiven Rezensionen auf die einzige negative gehört, in der geschrieben stand, im Prinzip sei das Gerät in Ordnung, aber nach ein paar Monaten bildeten sich unschöne Flecken auf dem Wasserkocherboden, die nicht rausgingen. Aber wenn ich so etwas vor dem Kauf lese, denke ich, der Typ hat womöglich versucht, seine Goldreserven damit einzuschmelzen.

»Brauchen Sie eine Tüte?«, hörte ich, als ich an der Kasse stand und den Billigkocher bezahlte.

»Geht auch so!«

»Und werfen Sie die Quittung nicht weg, falls Sie das umtauschen müssen, junger Mann!«

Die Frau war weise, denn ich kam in der Tat wieder, um mein Gerät umzutauschen. Es war nach ein paar Testläufen nicht mehr gewillt, mein Wasser heiß zu machen, vielleicht war es ihm zu bleihaltig. Und so war ich wieder bei Aristoteles angelangt, der uns mit kalter Logik sinngemäß erklärt hatte, Maschinen gehen kaputt und da der Kocher eine Maschine ist, geht auch er kaputt.

Der Service war bei Reklamationen offline unberechenbarer als in der virtuellen Welt. Während Onlinehändler gelangweilt das Geld überweisen, wenn ich Waren zurückschicke, waren manche dickköpfige Kassierer in den großen Warenhäusern Feuer und Flamme, wenn es darum ging, die Produkte des Arbeitgebers zu verteidigen.

Als ich mich mit dem gebrauchten Wasserkocher in die Schlange an der Kasse einreihte, schaute mich der Verkäufer bereits missgünstig an. »Was ist denn damit?«, sagte er zur Begrüßung.

»Er ging kaputt, obwohl ich ihn nur mit Wasser befüllt habe«, antwortete ich kleinlaut.

»Das ist unmöglich«, sagte er barsch, so als hätte ich einen Alligator bestellt. Aber ich blieb stehen und ließ alle negativen Gedanken kommen und gehen. Das habe ich von fernöstlichen Philosophen gelernt. Die verstanden besser mit westlichen Alltagssorgen umzugehen als die westlichen Denker.

Ich sagte, dass ich den Kocher zurückgeben wolle. Er brüllte in eine unbestimmte Richtung: »Emma, kannst du kommen und gucken, ob der Kunde die Ware richtig bedient hat?«

Geräte aus Warenhäusern gehen kaputt, weil der Kunde sie nicht richtig bedient, zum Beispiel schräge Sachen damit macht, wie sie einzuschalten.

Die herbeizitierte Emma sagte, sie müsse das Gerät zum Hersteller zurückschicken, und sollte der in seinem mehrstöckigen Laboratorium für biologische, chemische und physikalische Untersuchungen feststellen, dass etwas nicht sei, wie es bei korrekter Ausführung vonseiten des Verbrauchers sein sollte, bekäme ich einen Anruf und das Gerät selbstverständlich wie neu zurück.

»Ich will nicht dasselbe Gerät, weil es nichts taugt.«

»Der Hersteller bietet ausschließlich diese Möglichkeit an«, sagte sie.

Ich drehte mich weg, wollte gehen und bekam Bauchschmerzen. So nicht, flüsterte eine Stimme tief in mir. Du bist ein Gott, und zwar ein eiskalter.

Ich drehte mich zurück und lief rot an.

»Mir ist das egal«, sagte ich. »Ich habe es bei Ihnen gekauft, was habe ich mit dem Hersteller zu schaffen.«

»Mir sind die Hände gebunden«, sagte Emma und legte die Hände wie zum Beweis hinter ihrem Rücken zusammen.

Als ich »holen Sie mir den Geschäftsführer« sagte, hörte ich in meinem Kopf Fanfaren spielen. Sie stöhnte, blickte auf die Schlange hinter mir, um zu zeigen, dass sie nicht diejenige war, die alle aufhielt, und griff zu ihrem Telefon.

Ein paar Sekunden später kam der Abteilungsleiter mit einer roten Krawatte angeeilt, auf der sich Micky Maus um eine Ringelblume schlängelte. Schon von Weitem rief er, damit es alle hörten, dass er die Zufriedenheit des Kunden wolle und das Geld aus Kulanz zurückgebe. »Wir sind ein seriöses Geschäft«, sagte er und schaute nicht mich an, sondern die Schlange.

So war Einkaufen, damals. Wir konnten gewinnen und verlieren, und falls wir siegten, waren wir stolz auf uns.

Aber die Kaufhäuser vergaßen eines Tages ihre kulturellen und philosophischen Ursprünge. Sie boten Textilien, die keiner wollte, und Geräte, die es anderswo billiger gab. Im Jahr 2000 hatten Warenhäuser einen Anteil von 4,2 Prozent am Einzelhandelsumsatz, 2014 waren es 2,2 Prozent.

Behäbiger als die Kaufhäuser waren nur die Versandhäuser, die Vorfahren der heutigen Onlineshops. Die Ururvorfahren. Sie hatten mit Onlineshops so viel gemein wie ein Heliumluftballon mit einem Kerosindüsenjet.

Die Versandkataloge waren für ruhige Gemüter, für Menschen, denen normale Bücher zu anstrengend waren. Sie blätterten in diesen Katalogen, selbst wenn sie nichts bestellen mussten, denn es gab so viele Bilder, und es war ein wenig wie in der Aufbruchszeit der Warenhäuser: Die Kunden sahen, was es alles gab in der Welt. Der Katalog war wie ein Stück Zeitgeschichte, das Blättern eine Mischung aus Bildung und Tagträumerei.

Der Bestellprozess war bei Katalogen weniger hektisch als heute im Internet. Suchte ich gezielt etwas, zum Beispiel ein neues Herrenhemd, blätterte ich zu den Herren und schaute mir die drei oder vier Seiten in Ruhe an. Bei Zalando habe ich eine Auswahl von 2000 Hemden, im Katalog waren es ungefähr acht.

Aber ich bestellte nie ein Hemd. Als ich Teenager war, jobbte ich in einer Fabrik, und mit dem Geld, das ich verdiente, wollte ich mir eine Stereoanlage von Sony mit einem fünffachen CD-Wechsler kaufen. In dem kleinen Ort, in dem ich wohnte, gab es keine fußläufigen Geschäfte für Unterhaltungselektronik, und ich hatte zu dem Zeitpunkt kein Auto, um in eine Stadt zu fahren, daher blieb mir nichts anderes übrig, als einen dieser Kataloge zu nehmen – Otto, Neckermann, Quelle – die pünktlich zum Jahreswechsel hereinschneiten, durch den Kamin, glaube ich, wie die Geschenke des Weihnachtsmanns.

Ich schlug den Katalog auf und auf der ersten Seite schmunzelte mich der Katalogmann an, der Geschäftsführer, der den Nachnamen des Versandhauses trug. Er sah wie ein echter Manager aus, ein Mann, der nicht in diesem Katalog bestellte, wenn er etwas benötigte, aber der höflich genug war, uns Menschen, die nicht so erfolgreich waren wie er, persönlich zu begrüßen, oder die Werbeabteilung damit zu beauftragen, uns zu begrüßen. Was in dem Editorial stand, weiß kein Mensch, weil es niemand las. Es kann sein, dass dort ein lateinischer Text stand.

Ich blätterte weiter. Das Stichwortverzeichnis in den Katalogen nutzte ich nie. Sie waren so geschickt gemacht, dass ich ungefähr ahnte, wo ich aufschlagen musste, um die Stereoanlage zu finden. Die unterhaltende Technik war im hinteren Fünftel untergebracht, nach der ernsten Technik wie zum Beispiel den Fitnessgeräten.

Es dauerte nicht lange und ich sah sie vor mir, die Anlage mit ihrem fünffachen Wechsler. Genau genommen blickte ich auf das einzige Bild, und es ließ sich weder drehen noch vergrößern. Ich las ein paar flotte Sprüche, die in Sprechblasenart danebenstanden, wie »mit Dolby Surround«, und dachte, »boah, mit Dolby Surround«, obwohl ich keine Ahnung hatte, was es bedeutete. Es war mir egal, denn es gab ja nur dieses eine Gerät »zur Auswahl«. Es bestand aus drei separaten Teilen: einem Receiver, einem Doppelkassettendeck für Raubkopien und dem CD-Wechsler.

Bei unseren Katalogeinkäufen mussten wir früher auf jegliche YouTube-Videos verzichten, in denen Techniker die Produkte testen, auseinanderschrauben und erklären, welches Getriebe mit welcher Geschwindigkeit da drinnen die CDs hin und her wechselt, und was passieren würde, wenn man statt der CDs zum Beispiel Salamischeiben in den Player legt. Der Player sah in der Katalogabbildung hervorragend aus und konnte, was er konnte. Was wollte man mehr?

Zum Bestellen gab es zwei Möglichkeiten: Entweder ich rief an, aber das machten nur geschwätzige Menschen, oder ich füllte den Bestellzettel aus, der dem Katalog auf der letzten Seite beilag und so kleine Felder enthielt, dass ich eine neue Schriftart lernte, Mikrokurrentschrift. Meist war das erste Bestellfeld bereits ausgefüllt und enthielt ein tolles Angebot, zu dem ich nur die Anzahl eintragen musste, weil gar nicht bestellen geradezu absurd war.

Ich strich es durch.

Die Anlage wollte ich ungefähr zum Jahreswechsel haben, was bedeutete, dass ich sie bestellen musste, sobald die ersten rotbraunen Blätter von den Bäumen fielen. Die Mühlen der Logistik mahlten langsam, es sei denn, ich hätte ein Vermögen für den 24-Stunden-Versand ausgegeben. Ohne dieses Vermögen dauerte es drei bis achtzehn Wochen.

Beim Ausfüllen des Bestellscheins prüfte ich, ob die Artikelnummer korrekt war – ein Zahlendreher und ich hätte statt der Stereoanlage eine Teflonpfanne mit Dolby Surround bekommen. Aber es war alles in Ordnung und so musste ich noch den Preis für jedes der drei Teile der Anlage einzeln eintragen und am Ende zusammenzählen. Nichts addierte sich auf diesen Zetteln automatisch.

Das Versandgeschäft war schon damals alt. Der allererste Katalog des Versandhauses Neckermann erschien im März 1950 und umfasste 12 Seiten und 133 Textilangebote bei einer Auflage von 100 000 Exemplaren. Neckermann soll dem ersten Katalog die Nummer 119 gegeben haben, damit es so aussah, als hätte man schon 118 Kataloge lang Erfahrung beim Verschicken von Katalogen.

Ich durfte schließlich meine Bestellkarte per Post »unfrei« versenden, was mir ein leichtes Glucksen abrang, weil ich mir vorstellte, dass es der Karte ein wenig peinlich sein könnte, so unfrei durch die Gegend gesendet zu werden. Dann hieß es warten. Es gab keine Bestellbestätigung. War die Bestellung angekommen? War sie verloren gegangen? Hätte ich besser eine Briefmarke draufkleben sollen?

Ich weiß nicht, warum es so lange dauerte. Womöglich lag es an einer Qualitätssicherung, bei der jeder Logistikschritt dreimal überprüft wurde. Die zu verschickende Stereoanlage wurde womöglich ausgiebig getestet, indem ein Techniker tagelang wahllos Kassetten hin und her spulte und wenn dann alles in Ordnung war, schickte er mir eine Teflonpfanne.

Aber nein, ich bekam die korrekte Anlage, wenn auch nicht in einem Paket. Zuerst kam das Kassettendeck, das ohne Receiver nichts konnte. Zwei Wochen später kam der CD-Wechsler, der ohne Receiver nichts konnte und zuletzt kam der Receiver, der ohne Lautsprecher nichts konnte. Die musste ich nachbestellen, was weitere zwei Wochen dauerte.

Die Anlage war mein ganzer Stolz, weil noch nicht viele Menschen in meinem Ort einen CD-Wechsler kannten. Manchmal kamen Freunde vorbei, ich legte eine CD ein, dann lenkte ich sie ab, indem ich ihnen eine Tüte Erdnussflips in die Hand drückte und heimlich vier weitere CDs einlegte. Und als wir die CD hörten und plötzlich Musik von einer anderen CD kam, ohne dass ich mich gerührt hatte, starrten mich die Besucher an und sagten: »Wie ist das möglich?«

»Ein Wunder, nicht wahr?«, sagte ich.

Im Gegensatz zu heutigen digitalen Playlisten dauerte es allerdings einige Sekunden, bis das nächste Lied kam, wenn zwischendrin eine ganze Produktionskette in Betrieb ging. Das war nicht angenehm. Ich hatte die Angewohnheit, mir beim CD-Hören vorzustellen, wie ich als Popstar auf einer Bühne stand, wie mich die Leute mit Tränen in den Augen anhimmelten, mir Wäsche und Blumen zuwarfen, während ich einen Smashhit nach dem anderen sang. Doch es war schwierig, die Konzertillusion aufrecht zu halten, wenn mitten im Konzert der CD-Wechselmotor anging und eine peinliche Pause entstand. Ich stellte mir auf der Bühne dann vor, ich stimme die Gitarre neu oder ziehe zum Gekreische der Fans mein T-Shirt aus.

In den Neunzigerjahren bestellte ich im Versandhandel vor allem Bücher und CDs, zum Beispiel bei JPC, Zweitausendeins oder dem ABC Bücherdienst. Der ABC Bücherdienst schickte bei Bestellungen ein kleines Päckchen Gummibärchen mit. Auf der Rechnung war ein Bild der Geschäftsführerin, es schien alles sehr persönlich. Dann kam amazon und kaufte den ABC Bücherdienst und meine Adresse, glaube ich, gleich mit, und da amazon ein Freund von Daten ist, kann ich heute sehen, was ich vor 15 Jahren bestellt habe: *Der kleine Knuddel-therapeut, Latinum Ausgabe B, Rameaus Neffe* und *Ausweitung der Kampfzone*. Eine Kulturgeschichte meines Lebens.

So etwas gab es beim Offline-Versandhandel nicht. Damals hatten nur Händler Einblick in meine Daten und sie nannten das eine Mahngeschichte meines Lebens.

Obwohl ich heute ausgiebig in Onlineshops bestelle, weil es bequem ist, ertappe ich mich manchmal dabei, wie ich verträumt durch die Stadt schlendere und Slalom um all die hektischen Menschen laufe, die mit gelben Abholkarten bewaffnet die Postfilialen stürmen, weil sie nicht zu Hause waren, als die Lieferboten klingelten. Auch an den großen Warenhäusern gehe ich vorbei bis zu den kleinen, versteckten Gassen, in denen ich noch den einen oder anderen altmodischen Händler entdecke.

Jedes Mal, wenn ich die Tür eines solchen Händlers öffne und eine Glocke laut bimmelt, denke ich an Frau Wirts und ihren Laden, an die Gerüche und das Eis. Und wenn der Verkäufer mich misstrauisch beäugt, weil ich meine Blicke voller Sehnsucht durch den Laden schweifen lasse, wo ich alles angucken, anfassen, kaufen und sofort mitnehmen kann, besinne ich mich auf David Hume, der schrieb: »Die Schönheit der Dinge lebt in der Seele dessen, der sie betrachtet.«

Zum ARZT gehen wir besser, wenn wir TOT sind

Kürzlich spürte ich ein Stechen im Herzbereich. Ich tat, was jeder Mensch tut, der so klug wie eine Kaffeebohne ist: Ich konsultierte eine Suchmaschine. Dort führte mich die Recherche auf eine Seite namens Netdoktor mit den sieben tödlichsten Krankheiten in Deutschland. An erster Stelle stand die koronare Herzkrankheit, an der im Jahr 2013 rund 124 171 deutsche Staatsbürger starben. Sie macht sich typischerweise durch Brustschmerzen, Engegefühl in der Brust oder Brennen hinter dem Brustbein bemerkbar.

Unter den Symptomen waren Risikofaktoren in Form kleiner Symbolbilder aufgelistet: ein Herz, etwas, das wie ein Spiegelei aussah, ein gebückter Mann, der einem Orang-Utan ähnelte, jemand, der auf einer Couch lag, jemand, der am Schreibtisch saß und dessen Kopf zehn Zentimeter über dem Keyboard schwebte, und ein knallender Sektkorken. Jetzt kapierte ich: Wer sich verliebt, Eier isst, auf der Couch einschläft, sich wie ein Affe aufführt, Korken durch die Gegend schießt oder sich den

Schädel abschneidet und ihn über der Tastatur baumeln lässt, ist so gut wie tot.

Etwas später landete ich im Online-Forum der Zeitschrift Brigitte. Dort gab es beruhigende Hinweise wie, dies könne alles Mögliche sein und man solle doch einfach zum Arzt gehen. Ich hasse diese Forenhinweise, die einem nahelegen, man solle zum Arzt gehen. Wollte ich zum Arzt gehen, würde ich mich nicht in Foren herumtreiben.

Ich surfte weiter durch das Netz und fand eine ganze Liste verschiedener Krankheiten, die für mein Problem ebenfalls infrage kamen: Entzündungen des Herzbeutels (Perikarditis), der Herzinnenhaut (Endokarditis), des Herzmuskels (Myokarditis), Herzklappenfehler und Aneurysmen (Arterienerweiterungen), Herzinsuffizienz (Herzschwäche), Herzstolpern beziehungsweise Herzrhythmusstörungen und Herzrasen. Vor meiner Recherche hatte ich gar nicht geahnt, was mein Herz alles durchmachen kann.

Halten die Herzschmerzen jedenfalls länger als 20 Minuten an und werden sie von ausstrahlenden Schmerzen in den Armen, Schulterblattschmerzen, Bauchschmerzen oder Rückenschmerzen sowie Übelkeit, Atemnot und Schweißschüben begleitet, kann dies auf einen Herzinfarkt hinweisen, und ich sollte umgehend den Notarzt anrufen.

Selbstverständlich dauerte es nur ein paar Sekunden, bis ich Schmerzen in den Armen, Schulterblättern, im Bauch und in der Wirbelsäule spürte und sich Übelkeit, Atemnot und Schweißschübe dazugesellten, also griff ich zum Telefonhörer und wählte panisch die 110, wo mich ein freundlicher Mann darauf hinwies, dass selbst wenn ich gerade sterben sollte, ich trotzdem die 112 wählen müsse.

Immerhin erreichte er damit, dass ich mein Gehirn wieder benutzte. Besser ich gehe in aller Ruhe zu einem Spezialisten, dachte ich, weshalb ich auf dem Ärzte-Bewertungsportal Jameda jemanden suchte, der sich mit digital induzierten Herzkrankheiten auskannte. Zwar fand ich schnell den ersten Herzexperten, den ich beinahe angerufen hätte, aber ich las vorab folgende Kundenrezension: »Ich war lange Zeit Patientin von ihm. Da war laut Aussage alles in Ordnung. Ich habe einen anderen Kardiologen konsultiert: Fakt ist, dass meine Herzklappen ausgetauscht werden müssen.«

Am Ende ging ich zu einem mit der Note 1,2 bewerteten Arzt in der Innenstadt, strampelte auf einem Tretfahrrad und ließ mir erklären, dass es eine Muskelverkrampfung sei, die vermutlich daher rührte, dass ich ein paar Tage zuvor nach längerer Pause wieder Sport getrieben hatte. Ich war zufrieden und überlegte, ob ich die Herzklappen sicherheitshalber trotzdem austauschen lasse, so wie man ja auch die Autoreifen regelmäßig austauschen muss, je nach Jahreszeit.

Durch das Internet bin ich generell skeptisch gegenüber Ärzten geworden. Ich wechsle sie fast so häufig wie meine Krankheiten. Früher habe ich meinem Hausarzt mehr oder weniger vertraut, egal was er erzählte. Ärzte, das wussten wir aus der *Schwarzwaldklinik*, meinten es gut mit uns.

Probleme tauchten nur dann auf, wenn uns dämmerte, dass sie es doch nicht gut mit uns meinten – wenn wir zum Beispiel Krankheiten hatten, mit denen sie nichts anfangen konnten, insbesondere solche, über die wir mit unseren Bekannten nicht reden mochten. Wir wussten nichts über Spezialisten, über wirksame Therapien und Medikamente, nicht einmal, ob andere Menschen unter ähnlichen Symptomen litten. Gut, es gab Bücher. Aber wer guckte in Bücher, wenn er krank war?

Mein früherer Hausarzt hatte eine Praxis, die unmittelbar neben seiner Wohnung lag. Das war vertrauenerweckend, denn wenn die Diagnose falsch war, »weiß ich, wo du wohnst!«. Wir wussten allerhand über ihn, zum Beispiel dass er eine Affäre hatte oder wo er gerne zu Mittag aß, wie viel davon gesund war und wie viel Trinkgeld er der Kellnerin gab, einer Nichte der Sprechstundenhilfe, die im Dorf nicht nur arbeitete, sondern auch lebte.

Als ich diesen Arzt aufsuchte, war ich 18 Jahre alt und litt unter einer Verstimmung, so hieß das damals. Jeder achte Mann erkrankt mindestens einmal im Leben an einer affektiven Störung, weshalb mein damaliger Körper der Ansicht war, egal wie man es nennt, bringen wir es am besten gleich hinter uns.

Aber um ehrlich zu sein, wusste ich nicht, was ich hatte. Ich fühlte mich, als wären an jedem meiner Gelenke Ziegelsteine befestigt, die ich mitbewegen musste, wenn ich aus dem Bett stieg. Am liebsten starrte ich auf die Decke, manchmal zum Fenster auf die heruntergelassenen Rollläden. Ich dachte an Grabsteine auf dem

Friedhof, an schmieriges Regenwasser, an Jim Morrison und an den Muskel, der meinen Bauch und meinen Herzkatheter zusammenzog, sodass ich meist gebeugt im Bett lag, manchmal auch auf dem Fußboden. Es ist, als würde man schwarze Luft einatmen, schrieb Susan Sontag über diese Gefühle. Es ist wie eine Melancholie ohne Charme.

Mir war nicht bekannt, ob mein Empfinden behandlungswürdig war, ob es noch jemand hatte oder ob ich ein Hypochonder war, denn so eine Missstimmung war nicht so greifbar wie ein ordentlicher Infarkt.

Nach einer halben Stunde im Warteraum wurde ich aufgerufen. Es war ein typischer Praxisraum: ein paar Stühle, eine Schüssel mit Spritzen, ein Skelett an der Wand, ein größerer Apparat, der mächtig Eindruck machte – vermutlich für eine Röntgen-UV-Irgendwas-Tomografie, die ab und zu bei Patienten durchgeführt wurde, damit der Arzt das Gerät abbezahlen konnte.

Der Arzt hatte schwarze Haare, die seine Glatze wie einen Zaun eingrenzten. Er war gutmütig und schrieb einem meistens auf, was man bestellte, aber meine Symptome schienen ihm rätselhaft.

Gehe ich heute in eine Arztpraxis, zum Beispiel mit schwerer Übelkeit, höre ich mich Folgendes sagen: »Guten Morgen, ich leide unter einer entzündlichen Erkrankung des Magen-Darm-Traktes, hervorgerufen durch humanpathogene Noroviren. Gerne können Sie das durch eine Reverse Transkription mit anschließender Polymerase-Kettenreaktion nachweisen. Ich weiß, eine antivirale Therapie ist nicht bekannt, aber wenn Sie mir ein Antiemetikum gegen die Übelkeit aufschreiben, wäre ich Ihnen dankbar.«

Damals ging ich ohne Online-Diagnose in ein Sprechzimmer und stammelte herum. Was sollte ich dem Mann auch sagen? Schließlich erklärte ich ihm, dass ich so ungefähr in den nächsten zwei Jahren nicht aufstehen möchte.

»Soso«, sagte er nur und bat mich, die Brust frei zu machen, und er hörte die Atmung ab, blickte in Hals und Ohr. Das machten Ärzte so, selbst wenn man sich den großen Zeh gebrochen hatte. Dann diagnostizierte er mir eine Mischung aus chronischer Magen-Darm-Grippe und akutem Stress. Ich sollte mich ausruhen und zwei Tage einen geriebenen Apfel essen. Egal, was ich hatte, ich sollte immer zwei Tage einen geriebenen Apfel essen.

Dazu musste man den Apfel zu einem Matsch zerreiben und stehen lassen, damit er noch matschiger und bräunlicher wurde. Das Ergebnis schmeckte widerlich, aber gerade deshalb war es wohl heilsam. Bei mir klappte es nicht, weil ich schon früher so viel davon hatte essen müssen, dass ich inzwischen eine Apfelallergie hatte.

Ich kehrte nach zwei Wochen mit Durchfall, herunterhängenden Augenringen und zerbissenen Fingernägeln zurück und sagte zu dem Arzt, dass Äpfel das Problem nicht gelöst hatten, weder geriebene noch rohe, und dass er mich für den Rest meines Lebens in einem lichtlosen Keller in einen Käfig sperren oder an Fachpersonal überweisen sollte.

»Soso«, rief er und hob den Zeigefinger. »Ich schreibe

Ihnen Tabletten auf.« Er verschrieb mir ein Mittel, von dem ich später im Internet las, dass es feindseliges Verhalten fördere. Zu den Nebenwirkungen zählen Störungen der Sexualfunktion, Schlaflosigkeit und Übelkeit, aber bei einigen Menschen erhellt es die Stimmung.

Ich legte die Tabletten zu Hause neben mein Bett auf den Nachttisch und starrte auf die Tapete, wo ein Kruzifix hing. Darunter stand mein Konfirmandenspruch: »Ich bin der gute Hirte. Der gute Hirte lässt sein Leben für die Schafe.« Neben dem Kreuz hing ein Poster von Joy Division mit dem Titel *Unknown Pleasures*. Darauf waren in grauen Linien auf schwarzem Hintergrund Berge eingezeichnet, die zugleich ein Elektrokardiogramm darstellten.

Es blieb mir nur übrig, die gelben Seiten aufzuschlagen, diesmal unter P.

Der Psychotherapeut, den ich fand, saß mir in einem braunen Ledersessel gegenüber, hatte einen umfangreichen Bauch und trug eine karierte Weste über einem gestreiften Hemd. Seine Haare waren lockig. Er hatte sein »Studio« gerade neu eingerichtet. Neben dem Sessel stand ein Umzugskarton. Als er einige Minuten zuvor die Haustür aufgemacht hatte, trug er noch einen Kittel mit Farbklecksen drauf. »Entschuldigen Sie«, sagte er. »Ich bin neu hier.«

Er hatte einen Plan, mit dem er mich innerhalb von ein paar Wochen kurieren wollte. Dazu fragte er mich in jeder Sitzung: »Von einer Skala von 1 bis 10 – wie fühlen Sie sich heute?«

10 war geheilt, 1 war wie Ernest Hemingway.

Ich erzählte ihm von meinen Träumen, weil ich dachte, das macht man so in einer Therapie. Aber sie interessierten ihn nicht. Er gähnte und sagte zur Entschuldigung, ich hätte eine Art zu reden, die ihn langweile. Ich sollte mir nun Menschen, die mich stressen, auf dem Stuhl neben mir vorstellen, mich zu ihnen drehen und mit ihnen reden. Wahrscheinlich plante er, die Gelegenheit zu nutzen, um in der Zeit die Wände weiterzustreichen.

Ich drehte den Kopf, sah aber nur Luft und das Bild »Buch, Pfeife und Gläser« von Juan Gris an der Wand hängen. Es zeigte ein Buch, eine Pfeife und Gläser. Oder eine Lampe und einen Revolver. Oder ein Gesicht und einen Regenschirm.

Ich sagte nichts, weder zu dem Bild noch zu dem Stuhl noch zur Luft.

»Nur keine Hemmungen«, sagte er. »Gebrauchen Sie ruhig Ihre Fantasie. Wem würden Sie gerne einmal Ihre Meinung sagen? Stellen Sie sich diese Person zum Beispiel als Esel vor.«

Nach fünf Sitzungen beendete ich die Therapie. Ich war auf der Skala von 3 auf 1 heruntergerutscht. Ich schrieb einen kleinen Zettel: »Ich komme nicht mehr« und warf ihn in den Briefkasten. Dabei sah ich den Therapeuten hinter dem Fenster mit einem Stabpinsel die Wand indischgelb streichen, die Farbe für Wärme, Lebendigkeit, Freude und Vergnügen.

Ich hatte keine Möglichkeit, den Mann zu bewerten, aber wenigstens kam ich zu dem Schluss, dass er einen Sprung in der Schüssel hatte. Später erfuhr ich in einem Bewertungsportal im Netz, dass er eine depressive Patientin abgelehnt hatte, weil er ihre Probleme für belanglos hielt. Der Therapeut kam auf die Durchschnittsnote »ausreichend«.

Die Bewertungen im Netz erleichtern mir die Arztsuche enorm, aber das bedeutet nicht, dass ich ihnen hundertprozentig traue. So fand ich zum Beispiel über das Netz einen gut bewerteten, angeblich sehr freundlichen Zahnarzt, aber als ich in die Praxis kam, hatte ich das Gefühl, ich betrat eine dieser edlen Boutiquen, in die sich kein Staubkörnchen wagt, weil man es rausschmeißen würde, da es so aussah, als würde es nichts kaufen. Natürliche Zähne waren in dieser Praxis etwas Lästiges, das man durch stabiles Material ersetzen musste – durch eine diamantgeschmückte Krone, deren Einbau so viel kostete wie ein Lamborghini. Als mein erstes Gespräch zu Ende ging, bat mich der Arzt, ihn doch mal online gut zu bewerten, falls ich zufrieden gewesen sei. »Die Menschen bewerten sonst nur, wenn sie unzufrieden sind«, sagte er. »Das ergibt ein falsches Bild.«

Bei einer Online-Umfrage der Marktforschungsagentur Ogilvy Healthworld gaben 95 Prozent der Befragten zwischen 19 und 25 Jahren an, sich über Ärzte, Therapien und Krankheiten im Internet zu informieren – und natürlich machen das auch ältere Menschen. Doch während die Arztsuche mir zumindest eine erste Orientierung bietet, hat die Symptomsuche oft den gegenteiligen Effekt. Je mehr ich über Krankheiten lese, desto kränker fühle ich mich. Anscheinend nennen Mediziner Menschen wie mich deshalb »Cyberchonder«.

»Symptome googeln ist gefährlich«, sagt gar Corinna

Schäfer vom Ärztlichen Zentrum für Qualität in der Medizin (ÄZQ) gegenüber der WELT. Mit Beschwerden solle jeder erst mal zum Arzt gehen. Danach könne man sich im Netz informieren oder andere Therapiemöglichkeiten recherchieren. Generell aber sei der informierte Patient der bessere. Er werde zum Partner in der Behandlung.

Das ist korrekt. Ich habe mich früher nie als Partner des Arztes gesehen. Ärzte waren Menschen, die mir sagten, was ich hatte, und die Partnerschaft sah so aus, dass ich zu schlucken hatte, was sie mir verschrieben. Wie diese autoritäre Beziehung zustande kam, ist historisch nicht belegt. Im Mittelalter galten Ärzte als Handwerker, die den Körper des Menschen wie einen Schrank behandelten: mit Säge und Meißel. Entsprechend war das Image dieses Berufs, aber irgendwann wandelte sich das Bild, und die Geringschätzung wich einer Art Ehrfurcht, was nicht bedeutete, dass wir Patienten in den Augen einiger Ärzte keine Schränke mehr waren, die es zu reparieren galt. Insbesondere solche Ärzte haben durch das Netz ihre Autorität verloren, und das ist gut.

Aber natürlich gab es mitfühlende Ärzte auch früher. Drei weitere Anrufe später fand ich zur passenden Behandlung. Heute höre ich gerne Regentropfen beim Tropfen zu, ich genieße die Wärme in meiner Wohnung und betrachte neue, farbige Gemälde an der Wand, wo früher Joy Division und ein Kreuz hingen. Ich möchte über 100 Jahre alt werden und in diesem Leben nie wieder einen geriebenen Apfel essen.

NACHRICHTEN aus der STEINZEIT

»In der Ahornstraße ist ein Loch«, sagte der diensthabende Redakteur für Lokales. »Darüber haben sich viele Bürger beschwert, aber die Stadt unternimmt nichts dagegen. Wir schon.«

»Aha«, sagte ich.

»Das müssen wir bringen. Fahr' hin und befrage die Leute. Ein Fotograf kommt auch, sprich dich mit ihm ab. Und dann habe ich noch ein Sommerfest vom Männerverein.«

»Der Männer-was-verein?«

»Einfach nur Männerverein. Ich weiß nicht, was die machen, wahrscheinlich stoßen sie Schreie aus und tanzen um einen Dildo herum oder bemalen sich mit Tarnfarben und schießen auf Karniggel oder was weiß ich. Aber morgen grillen sie, oben im Forst, in der Nähe vom Freibad. Da musst du dich durchfragen. Auch da kommt ein Fotograf.«

Es war Freitag, und ich war freier Mitarbeiter bei einer Tageszeitung. Politik, Verkehrsunfälle, Kultur, Sport –

das waren die Jobs für erfahrene Journalisten. Für die jungen freien Autoren gab es einspaltige Reportagen, die am Seitenrand mit Fotos abgedruckt wurden. Samstag ging es hin, Sonntag ging es ans Texten.

Das Nachrichtengewerbe war früher langsamer als heute, aber das wussten wir nicht, weil wir die schnelle Version noch nicht kannten. Damals war langsam für uns schon ziemlich schnell. »In dieser hektischen Welt, in der eine Nachricht auf die andere kommt, in der dies geschieht und das, da brauchen wir Ruhe«, schrieb der Philosoph Alan Watts schon 1954 auf der Schreibmaschine in seiner Hängematte und steckte sich dabei seine Pfeife an.

Die Menschheit klagte immer über den Stress, den Informationen verursachen. Sokrates klagte über die Erfindung des Schreibens, eine Verflachung des menschlichen Geistes, da Menschen sich nichts mehr merken mussten. Gutenbergs Zeitgenossen klagten über den Buchdruck, später jammerten Leute über die Zeitung und über die Telegrafie.

»Wir beeilen uns sehr, einen magnetischen Telegrafen zwischen Maine und Texas zu konstruieren, aber Maine und Texas haben möglicherweise gar nichts Wichtiges miteinander zu besprechen«, schrieb Henry David Thoreau. »Wir beeilen uns, den Atlantischen Ozean zu durchkabeln, um die Alte Welt der Neuen ein paar Wochen näher zu rücken; vielleicht lautet aber die erste Nachricht, die in das große amerikanische flatternde Ohr hineinrinnt: Prinzessin Adelheid hat den Keuchhusten.« Nach der Telegrafie kam das Radio, das Fernsehen und das Internet – gejammert wurde immer mehr. Es ging schrittweise den Bach runter.

Ich fuhr mit dem Bus in den Stadtteil mit dem Loch in der Straße. Als Reporter war ich für die Bonner Hardthöhe zuständig, auf der die Bundeswehr zu Hause war, aber da ich über Politik nichts schreiben durfte, beschränkten sich meine Berichte zur Landesverteidigung über den Besuch des Nikolaus im Soldaten-Café. Die Stimmung war bestens, hieß es in der Reportage. Es floss Glühwein und es duftete nach Plätzchen. Der Nikolaus rief »Ho! Ho! Ho!« und verteilte die Geschenke.

Die Straße, die ich suchte, war in der Nähe der Kaserne und führte zu einem Waldparkplatz, der kaum genutzt wurde. Das Loch, von dem mein zuständiger Redakteur sprach, war ein Schlagloch, das aussah wie Österreich auf einer Weltkarte in der Größe eines Pfannkuchens.

Heute hat die Stadt Bonn für »Bürgeranliegen« ein Online-Portal eingerichtet. Dort kann jeder auf einer interaktiven Stadtkarte eine Straße markieren, einen Schaden melden und ein Foto dazu hochladen. Bisher gehört Schlaglöcherfüllen nicht zu den aufgeführten Dienstleistungen der Stadt, aber das ist eine Frage der Zeit. Bisher kann ich nur Glassplitter, defekte Ampeln, Graffiti oder Hundekot melden.

Die Stadt weist darauf hin, dass Notfälle nicht auf diese Weise gemeldet werden dürfen. Liegt zum Beispiel ein Mensch im Koma am Straßenrand, darf ich ihn nicht markieren, fotografieren und online melden, damit ihn jemand wegräumt.

Der Fotograf kam um die Ecke gefahren, als ich mir das Loch genauer anschaute. Ich stellte mir gerade vor, wo Wien ist und der Stephansdom, da trat der Fotograf neben mich.

»Ätzend«, sagte er.

»Was?«, fragte ich »Der Auftrag? Oder der Typ, der das gemeldet hat?«

»Das Motiv«, sagte er. »Wenn ich das so abfotografiere, sieht das tranfunzelig aus.« Er schaute die Straße rauf und runter, als hoffte er, dass eine Panzerfahrschule der Bundeswehr um die Ecke kommen und versehentlich ein Haus in Schutt und Asche legen würde.

»Wir könnten warten, bis ein Auto kommt«, schlug ich vor.

»Ja, vielleicht«, sagte er und guckte auf seine Uhr. Es war keine Smartwatch, damals, daher konnte sie zu unserem akuten Problem nichts beitragen.

Wir warteten. Er machte mit seiner Kamera ein paar Schießübungen, um den Zoom scharfzustellen oder die Belichtungszeit auszurechnen oder was sonst Fotografen so machen, wenn sie am Gerät herumschalten.

Ich beschloss, die Zeit durch Recherchen zu überbrücken. Deshalb klingelte ich am nächstliegenden Haus und hörte einen Hund, der sich bellend nach Besuch sehnte. Ein älterer Herr machte auf und schaute an mir vorbei, ob hinter mir die Russen kommen, denn damals hatten ältere Herren große Angst davor, dass die Russen kommen.

»Da vorn ist ein Straßenloch«, sagte ich. »Ich schreibe darüber für die Zeitung. Haben Sie das Loch gesehen?«

»Was?«

Ich wiederholte mich und zeichnete in der Luft die Umrisse Österreichs mit dem Stephansdom in der Mitte, »haben Sie das Loch schon bemerkt?«

»Nä«, sagte er, wobei er das »ä« so kurz aussprach, als wolle er damit im Zirkus einen Elefanten auspeitschen.

Das war mir als Zitat zu mager, deshalb versuchte ich es mit einem alten Journalistentrick: »Finden Sie, dass die Stadt Schlaglöcher reparieren sollte?«

»Das ist mir Jacke wie Hose«, sagte er. »Ich fahre kein Auto. Die lassen mich nicht. Ich bin zu tattrig. Darüber schreiben Sie mal, wie man mit den Alten hier umgeht.«

»Mach ich, danke«, sagte ich und schrieb es auf meinen Notizblock: Die Anwohner sind erzürnt über die Zustände in dieser Stadt. Alles veraltet.

Als ich zurückkehrte, ging der Fotograf ruhelos am Straßenrand auf und ab. »Kein Auto?«, fragte ich, obschon ich das genau wusste. Er winkte ab.

»Kannst du fahren?«, fragte er. »Ich mach das Foto, und du fährst langsam mit meinem Auto durch. Langsam, ja? Nichts kaputt machen.«

Wir nahmen unseren Beruf ernst. Unsere Reportagen sollten lebendig sein, nah am Menschen, gut recherchiert, trotz aller Gefahren, die uns Reportern dabei drohten.

Betrete ich heutzutage mein Büro, dann schaue ich nicht in eine Zeitung, sondern setze mich auf meinen Stuhl und surfe im Internet. Ich schaue auf Nachrichtenseiten wie SPIEGEL ONLINE oder ZEIT ONLINE, was sich seit gestern ereignet hat. SPIEGEL ONLINE hat zum

Beispiel in den vergangenen 24 Stunden 102 Artikel veröffentlicht. Kurze Meldungen, längere Artikel. Die ältesten Spermien der Welt, ein Sonnenflieger mit Batterieschaden, eine Gauckrede in Irland, eine dritte Startbahn am Münchner Flughafen sowie ein Live-Ticker zu einer Griechenlandkrise.

Würden Sie mich fragen, was mich interessiert, wären das gut recherchierte Beiträge über brennende gesellschaftliche Fragen. Würden Sie meine Nutzungsstatistiken anschauen, sähe die Bilanz wie folgt aus: Von den 102 Artikeln habe ich auf 16 geklickt, davon habe ich bei zehn die Einleitung gelesen und die Bilder angeschaut, bei drei kam ich ungefähr zur Mitte des Textes, bei keinem einzigen bis zum Ende.

Ich klickte auf »Commodore kommt zurück«, »Sinéad O'Connor beleidigt Kim Kardashian«, und »Mordserie im Krankenhaus«, »Devote Funkelaugen und Apfelbäckchen« und »Zeitung schickt Karikaturisten zu Foo Fighters«.

Früher las ich ein- bis dreimal die Woche eine Zeitung. Ich las nicht alles, aber viel, auch längere Artikel. Ich fühlte mich ausreichend informiert. Heute habe ich ständig das Gefühl, dass ich etwas verpasst habe, weshalb ich mich wie ein Berserker durchs Netz klicke, um innerhalb von fünfzehn Minuten 3000 Nachrichten zu erfassen.

Der Medienwissenschaftler Neil Postman erklärte in seiner Schrift *Das Technopol*, die Medien würden aus Nachrichten Waren machen − Dinge, die man ohne Rücksicht auf Nutzen oder Bedeutung kaufen und verkaufen kann. Postman schrieb: »Es dauerte nicht lange, da hing das Schicksal der Zeitungen nicht mehr von der Qualität oder Nützlichkeit der Meldungen ab, die sie lieferten, sondern davon, wie viele Informationen sie aus welchen Entfernungen in welchem Tempo herbeischaffen konnten.«

»Wie oft kommt es vor«, schrieb Postman weiter, »dass die Information, die ich morgens dem Radio, dem Fernsehen oder der Zeitung entnehme, mich dazu veranlassen, meine Pläne für den Tag zu ändern oder etwas zu tun, was ich sonst nicht getan hätte, und wie oft verhelfen mir diese Informationen zu Einsichten in Probleme, die ich lösen soll?«

Der größte Teil der Nachrichten sei wirkungslos, wir könnten darüber reden, aber nicht danach handeln. Zum ersten Mal in der Geschichte stünden die Menschen vor dem Problem, dass sie mit Informationen übersättigt seien. Postman schrieb das Anfang der Neunzigerjahre.

Das Auto sprang an, und ich fuhr sachte auf das Schlagloch zu. Der Fotograf stand am Straßenrand und lauerte auf den richtigen Moment. Als es blitzte, drückte ich den Fuß auf die Bremse, ein Reflex aufgrund einer früheren traumatisierenden Begegnung mit einer Radarfalle. Der Fotograf bemerkte es anscheinend nicht, denn er starrte auf das Loch.

»Ist nichts«, sagte er und schaute auf den Himmel. Vielleicht hat Gott eine Idee.

Ich stieg aus, der Fotograf ging zum Kofferraum und kramte darin herum. Er kam mit einer Sprudelflasche zurück, schraubte sie auf und schüttete den Inhalt in das Loch. Mit dem Stativ seiner Kamera rührte er in der Pfütze herum, sodass sie dreckigbraun wurde. Dabei schwappte ein wenig Wasser heraus, sodass das Loch nicht mehr ganz voll war.

»Mann«, schimpfte er und schaute dabei die Straße hoch und runter. Schließlich drehte er mir den Rücken zu, baute sich wie ein Eiffelturm vor der Pfütze auf, ich hörte ein Ratsch und er pinkelte die Pfütze randvoll. Strahlend drehte er sich um und sagte: »Noch mal!«

»Soll ich ein Papierschiff drin schwimmen lassen?«, fragte ich, aber er war schon wieder dabei, an den Rädchen seiner Kamera herumzufingern. Ich fuhr derweil zurück und etwas schneller wieder vor, traf die Pfütze, und die Kamera blitzte etwa zehn Mal kurz auf, sodass ich mich fühlte, als würde ich gleich den Oskar verliehen bekommen.

»Passt«, sagte er.

Der Postman'sche Nutzwertjournalismus, den der Fotograf und ich betrieben, ist uralt. Seine Anfänge liegen in der Informationsschrift *Acta Diurna,* die im Römischen Reich des ersten Jahrhunderts nach Christi verteilt wurde. Die Römer hatten anders als die Griechen kein Interesse an philosophischem Kopfzerbrechen. Sie interessierten sich für Krieg (Cäsar), Promiklatsch und Tratsch (Ovid), Große-Reden-Schwingen (Cicero) und Feinkost (Marcus Gavius Apicius). Sie waren prädestiniert, die ersten Zeitungen herauszugeben.

Im späten Mittelalter und der frühen Neuzeit verbreiteten sich wirtschaftliche Informationen durch Flugblätter an Handelsplätzen. Für den Boulevard, für Mord,

Totschlag und Intrigen waren die Minnesänger zuständig, die von Ort zu Ort zogen und neben Lokalem auch Liebes- und Heldentaten besangen.

Johann Carolus, ein umtriebiger Buchbinder aus Straßburg, verstand es Ende des 16. Jahrhunderts, mit wenig Aufwand eine Zeitung zu machen. Er ließ sich einmal pro Woche von Korrespondenten aus den Städten entlang von wichtigen Postrouten, zum Beispiel Köln, Wien, Prag oder Rom, mit Nachrichten beliefern. Er schrieb sie einfach ab oder ließ sie abschreiben und verteilte die Exemplare an Abonnenten für zwölf Gulden im Jahr. Seine Leser waren Kaufleute.

1631 erschien mit La Gazette in Frankreich schließlich die erste moderne Zeitung, in der es bereits verschiedene Formate wie den Bericht oder den Kommentar gab.

Meine Recherchen zum Schlagloch waren indes abgeschlossen.

An Samstagen war die Stadtverwaltung nicht erreichbar. »Die Stadt tut nichts dagegen« musste reichen, um die Ansicht der Stadt akkurat wiederzugeben.

Zum Glück war derselbe Fotograf auch für meine nächste Reportage aus dem Wald zuständig, weshalb er mich dorthin mitnahm. »Wo soll das sein?«, fragte er und schaute auf seinen Zettel, auf dem ein Redakteur als Ort nur »Wald beim Schwimmbad« notiert hatte.

»Am Schwimmbad geradeaus«, sagte ich. »Wenn sie grillen, müssten wir es ja riechen.«

Inzwischen fing es an zu regnen. Wir fuhren am Schwimmbad vorbei und folgten dem Weg. Links und rechts war nasser Wald, von Rauch war nichts zu sehen.

Das Riechen konnten wir vergessen. Wir waren keine Ameisenbären.

Schließlich fanden wir eine Stelle, an der Autos am Waldrand geparkt waren. Von dort liefen wir zu einem Grillplatz, umgeben von einer achteckigen Theke mit Dach sowie einer Hütte, die so geräumig war wie eine Bushaltestelle. Vor ihr standen Holzbänke und Tische, von denen das Wasser herunterlief. Die Männer waren alle 55 aufwärts, hatten erkleckliche Bäuche und Bärte in allen Größen und Varianten. Es waren sieben Leute da.

Ein Mann mit Gewerkschafterbart schüttelte uns die Hände und sagte: »Mistwetter, aber wir ziehen das jetzt durch.« Das hätte ich von einem Männerverein nicht anders erwartet.

Ich ließ zunächst dem Fotografen den Vortritt. Er winkte alle Männer zur Theke. Da standen sie und sollten sich mit gefüllten Weizenbiergläsern zuprosten, während vom Dach über ihnen ein kleiner Wasserfall durch das Bild plätscherte. »Immer noch besser als ein Hand-am-Sack-Foto«, murmelte der Fotograf. Damit meinte er das sonst übliche Gruppenbild.

Ich hatte schon eine Schlagzeile für meinen Artikel im Kopf: »Beste Stimmung trotz Sauwetter.« Das Sau ersetzte mir der Redakteur später durch Hunde.

»Was genau macht Ihr Verein?«, fragte ich den bärtigen Mann, als der Fotograf endlich fertig war. Das Aufschreiben sparte ich mir, damit mein Block nicht nass werden würde.

»Wir treffen uns, ohne Frauen. Einmal im Jahr grillen

wir, im Herbst fahren wir auf dem Anhänger eines Traktors nach Köln und grillen mit dem Männerverein dort.«

Ein paar Augenblicke später sagte er noch, sein Verein habe Nachwuchsprobleme. Das könnte ich erwähnen, vielleicht hätten ein paar junge Burschen Interesse an der Brauchtumspflege.

»Man kann nicht immer ein Held sein, aber man kann immer ein Mann sein«, sagte ich mehr so zu mir, als ich mich verabschiedete.

Am nächsten Morgen wollte ich in der Redaktion den Text schreiben. Redaktionsschluss war erst um 18 Uhr. Alles was danach passierte, erfuhren die Menschen im Fernsehen, im Radio oder zwei Tage später in der Zeitung. Im Fernsehen und im Radio war nicht viel Platz für Nachrichten. Die Nachrichtenlage war deshalb immer überschaubar, selbst an Tagen, an denen nicht viel passiert war. So vieles hat sich mit dem Internet geändert.

Heute haben Nachrichtenseiten rund um die Uhr Deadlines oder gar keine. Bei Online-Magazinen setzen die Redakteure nur deshalb Abgabefristen, damit die Reporter nicht so lange herumtrödeln.

Früher waren die Leser von Nachrichten überrascht. Heute kennen sie sie von Facebook und Twitter. Das Radio und das Fernsehen betrachteten Printjournalisten nicht als bedrohliche Konkurrenz. Diese Medien waren zwar schneller, aber dafür boten Zeitungen und Zeitschriften mehr Raum für Hintergründe. Das Netz ist schnell und hat unendlich viel Platz.

Damals war die Konkurrenz die zweite regionale Tageszeitung. Heute gehört die zweite Zeitung in den meisten

Städten der ersten, und die gehört einem Verlag, der auch in anderen Städten erste und zweite Zeitungen besitzt. Die heutigen Konkurrenten des Journalisten sind Blogger, PR-Leute, Forscher, Politiker und Promis, die bei Twitter eigene Schlagzeilen produzieren.

Auch die Recherchearbeit hat sich geändert. Wir verließen uns auf das, was uns die Leute sagten, was wir selbst gesehen hatten oder was in Archiven, Büchern, Akten und sonstigen Dokumenten stand, die wir gefunden, kopiert oder zugeschickt bekommen hatten. Um die korrekte Schreibweise eines Namens zu überprüfen, schauten wir ins Telefonbuch. Oder wir gingen ins Archiv, um den falschen Namen aus früheren Ausgaben abzuschreiben.

Als ich am Sonntag in der Redaktion ankam, herrschte wenig Betrieb. Unter der Woche musste ich als freier Mitarbeiter in einem düsteren Kellerraum arbeiten, dem sogenannten Freienraum. Dort standen mehrere Reihen weißer, bis zur Wand reichender Tische, an die wir uns setzen durften. Zwischen uns waren Trennwände und vor uns eine im Tisch eingelassene Tastatur sowie ein Röhrenbildschirm. Es gab keine Maus, weil hier nur getippt wurde, und ansonsten standen ein Telefon mit Tasten und das örtliche Telefonbuch zur Verfügung.

Im Obergeschoss des Hauses war die eigentliche Redaktion. Heute sitzen viele Redakteure in einem Newsroom, in dem Journalisten aller Ressorts Seite an Seite arbeiten und sich austauschen. Damals gab es eine strikte Trennung sowohl zwischen den Ressorts als auch zwischen Koryphäen und Greenhorns.

Ich war nicht glücklich, dass ich an jenem Sonntag oben einen Arbeitsplatz in der Nähe einer solchen Koryphäe zugewiesen bekam, dem diensthabenden Lokalvizechef. Er war ein Choleriker, der, wann immer ich ihn sah, mit der Faust auf den Tisch schlug, aufstand und seine Glaswände anschrie. Die Artikel, die wir ihm vorlegten, waren allesamt eine Zumutung. »Jaaaa, Herrgott«, schrie er und »Woo? Wooo? Wooooo?« Dabei blickte er sich suchend um, damit er uns Halunken von Angesicht zu Angesicht zur Schnecke machen konnte. Und falls er uns nicht fand, weil wir uns hinter einem Blumentopf versteckt hatten, brüllte er »Jahamensch«, setzte sich hin und tippte weiter bis zum nächsten Satz, der ihm das Blut aus den Pobacken trieb.

Aber ich tippte meinen Artikel ab und verschwand, ehe der Mann zum Gegenlesen kam. Am nächsten Morgen kam die Zeitung in die Kioske und Briefkästen.

Es war ein schönes Gefühl, einen gedruckten Text von mir zu sehen. Einen Text, der nicht mehr zu ändern war. Der für immer bleiben wird, genau so wie ihn die Schlussredaktion bearbeitet hatte.

Ein Text von »Doris Häußler«.

Wir waren DAGEGEN

Twitter ist wie geschaffen für Proteste: Da kommt zum Beispiel ein Verlag auf die Idee, dass Pumuckl zu dick ist, und malt ihm glatt den Bauch weg. Bei Twitter verbreitet sich umgehend das Hashtag #bringbackbäuchlein und der Verlag lenkt zähneknirschend ein. Pumuckl darf wieder essen.

Natürlich haben Hashtag-Proteste bei komplexeren Themen nicht immer Erfolg, aber dennoch ist es heute einfacher, in der Öffentlichkeit mit einem Anliegen Gehör zu finden als früher. Was haben wir nicht alles gegeben, um mit unseren Protesten die Medien auf uns aufmerksam zu machen: Debatten, Straßen-Happenings, Demos – das ganze Programm und alles organisiert mit Telefon, Flugzettel und Plakat.

Während meiner Studienzeit gab es zum Beispiel einen Studentenprotest gegen Studiengebühren. Die Regierung wollte Gebühren einziehen, wir waren selbstverständlich dagegen, und die Öffentlichkeit sollte schnellstmöglich erfahren, warum – und zwar aus den klassischen Printmedien.

Die Medizinstudenten kamen mit ihren Aktionen schnell in die Zeitung. Sie untersuchten kostenlos auf der Straße die Passanten und klärten diese, während sie den Mund aufmachten und »Aaah« sagten, über die Vorzüge des gebührenfreien Studiums auf.

Aber ich war Philologe. Wir Geisteswissenschaftler beriefen eine Arbeitsgruppe ein, um die weiteren Schritte zu diskutieren, wie in einem Proseminar. Das kam nicht in die Zeitung.

Trotzdem trafen wir uns in der Wohngemeinschaft eines Kommilitonen namens Paul in der Altstadt. Im WG-Zimmer gab es ein Bett, ein TV-Gerät, eine Stereoanlage, einen Schrank, einen Teppich und keine Stühle. Also setzten wir uns wie die Japaner auf den Boden. Paul zündete ein Teelicht an, wärmte damit eine Glaskanne mit Früchtetee auf und legte eine Schallplatte mit der Musik von Violent Femmes auf.

Außer mir und Paul waren Anna und Tamara anwesend. Wir waren unsicher, wohin das Ganze führen sollte, und deshalb tasteten wir uns mit scheuen Blicken erst einmal eine Weile ab. Kennengelernt hatten wir uns eine halbe Stunde zuvor, als wir in einem Hörsaal der Universität verschiedene Arbeitsgruppen per Losverfahren ins Leben gerufen hatten – unsere war für Medienarbeit zuständig.

»Also«, sagte Anna. »Was machen wir?«

Schweigen.

»Einen Flyer«, sagte Anna.

Einen Flyer. Das war eine Rundmail vor der Rundmailzeit. Oder Spam vor der Spamzeit. Der Flyer war die Mail, das Plakat eine Webseite.

Wir sammelten Argumente für den Flyer, um dcm Laien vor Augen zu führen, dass Gebühren die Studienqualität verschlechtern.

»Weiß jemand, wieso ich heutzutage noch Latein lernen muss?«, fragte Paul unvermittelt, während er nun an seiner Anlage die Platte umdrehte. »Ich lerne es eh nur auswendig und vergess es wieder. Latein ist so hilfreich wie Milzbrand.«

»Es sind unsere Wurzeln«, erklärte Tamara. »Im Deutschen gibt es viele Wörter, die vom Lateinischen …«

»Man würde einen Haufen Geld sparen, wenn man es abschafft. Dann brauchen die da oben keine Gebühren einziehen«, sagte Paul.

»Das hat jetzt nichts mit dem Flyer zu tun, Paul«, sagte Anna.

»Ich bezahle dir gerne die blöden Gebühren, wenn ich dafür keine Leichensprache lernen muss«, rief Paul ein bisschen zu laut.

»Ist gut, Paul«, rief Anna. »Aber wir brauchen jetzt Argumente für …«

»Das ist es doch«, brüllte Paul. »Argumente. Das ist so ein Wort. Und weißt du was? Ich verstehe es auch so.«

»Paul«, rief ich, jetzt ebenfalls laut. »Der Flyer!«

»Also«, sagte Tamara mit fester Stimme. »Welche Schriftart verwenden wir?«

Die Frage war raffiniert. In Pauls Zimmer lernten wir nicht nur die Grundlagen des politischen Protests, sondern auch die Kunst der Debatte.

Cicero schrieb 44 vor Christus, dass eine gute Konversation Abwechslung benötige. Er empfahl, klar zu sprechen, einfach zu sprechen, aber nicht zu einfach, niemanden unterbrechen, höflich sein, mit ernsten Themen ernsthaft umgehen und beschwingt mit leichten Themen. Kritisiere niemanden hinter seinem Rücken! Bleibe beim Thema! Sprich nicht über dich und verliere nie die Beherrschung! Nichts kann man richtig oder gedankenvoll erledigen, wenn man wütend ist.

Cicero kannte das Internet noch nicht.

Ich habe einmal versucht, in einer Online-Diskussion mitzumischen. Das war im Jahr 2000. Damals gab es eine Usergroup über die amerikanische Independent-Band Pavement, eine meiner Lieblingsbands. Ich stellte mich vor und schrieb, dass ich fast alle Alben der Band mochte, aber das Frühwerk *Slanted and Enchanted* hätte sie sich schenken können, da die Songs eher Massenware seien. Drei Beiträge später war ich ein Naziarschloch, das bei deutscher »Folksmusik« und Heino bleiben solle.

Diskussionen sollten meiner Ansicht nach ausschließlich analog geführt werden, physikalisch, zwischen zwei oder mehr Körpern, die sich gegenübersitzen und berühren könnten, falls erforderlich.

Der amerikanische Essayist Stephen Miller veröffentlichte 2006 das Buch *Conversation: A History of a Declining Art*. Darin beklagt er, dass weder digitale Musikplayer noch Computer erfunden wurden, damit Menschen echten Konversationen aus dem Weg gingen. Aber diesen Effekt hätten sie.

In Pauls Zimmer folgte indes eine Debatte, die Paul und ich austrugen, über Schriftarten.

»Ich weiß nicht, was du hast«, sagte ich. »Die Schrift-art Times ist greifbar und lebendig. Jeder kennt sie. Sie wurde für eine Zeitung erfunden. Deshalb passt sie auch in ein Flugblatt.«

»Jeder weiß«, sagte Paul und wartete kurz, damit ich begriff, dass ich nicht dazugehörte, »dass Flugblätter Emotionen wecken sollen. Die Schrift muss geschwun-gen sein, elegant und warm. Times ist arschkalt.« Er nippte an seiner heißen Teetasse. »Damit kannst du den Beipackzettel für Tabletten gegen Sodbrennen bedru-cken, aber keinen Aufruf zum Protest.«

Es ging hin und her wie beim Tischtennis, ein har-ter Schlag, ein angeschnittener Aufsetzer, ein Streif-schuss über das Netz, ein Volley. Der französische Es-sayist Michel de Montaigne schrieb, dass Konversation einem Sport gleiche: Wer sich auseinandersetze mit ei-nem Gegner, der stark und solide sei, der greife ihn an den Flanken an, versuche ihn links und rechts zu tref-fen. Die Ideen des Gegners würden die eigenen empor-schnellen lassen; unser Verstand gehe aus dem Kontakt mit einem anderen energischen und disziplinierten Ver-stand gestärkt hervor.

»Dann schreib doch von Hand, wenn du es geschwun-gen haben willst«, schrie ich mit hochrotem Kopf.

»Jaa! Jaa!«, schrie Paul mit geweiteten Pupillen. Er stand auf, fummelte in seiner Langspielplattensammlung herum, warf mir die leere Hülle einer Metallica-Platte auf den Schoß und brüllte: »Glaubst du, ich würde mir das kaufen, wenn der Bandname in Times gedruckt wäre?«

»Wir sollten einen Leserbrief aufsetzen«, sagte Tamara kühl, da sie mit Anna zwischenzeitlich alle Texte für den Flyer fertig geschrieben hatte und in einer Tageszeitung blätterte. Dort hatte sie den Kommentar eines Hochschulredakteurs entdeckt. Er schrieb, dass er Studiengebühren begrüße, weil die Studierenden von heute nicht so seien wie die Studierenden früher, als er selbst studierte, daher schade es nichts, wenn sich nur noch die Studierenden ein Studium leisten könnten, die so seien wie er, früher, und so weiter.

Als es kein Internet gab, waren Leserbriefe die einzige Möglichkeit des Bürgers, auf Redakteure zu reagieren, die meinungsfreudig waren – abgesehen vom Anruf, aber der Redakteur hatte meistens keine Zeit, ans Telefon zu gehen.

Harald Martenstein, Kolumnist beim Tagesspiegel und der ZEIT, ist so ein Autor, der seit jeher gerne seine Meinung schreibt und Leute auf die Palme bringt. Anfang der Achtziger volontierte er bei der Stuttgarter Zeitung. Er schrieb Glossen und Kolumnen. »Es hat mir immer Spaß gemacht, etwas zu schreiben, das manche Leute aufregt und manchen gefällt«, sagt er. »Das eine kriegt man nicht ohne das andere.«

Er bekam Leserbriefe, echte Briefe, geschickt mit der Post.

»Das müssen Sie sich mal vorstellen, wie aufwendig das ist«, sagt Martenstein. »Der Leser muss seine Meinung mühsam aufschreiben, in einen Umschlag stecken, eine Briefmarke suchen und aufkleben. Er muss das Haus mit dem Kuvert in der Hand verlassen. Das ist quasi ein öffentlicher Akt. Und er muss unerschütterlich sein und das Kuvert in den Briefkasten werfen, obwohl auf dem Weg dorthin der Zorn wie Wasser in der Sonne verdampft.«

Die Leute, die das schafften und ihre Briefe einwarfen, unterschrieben sie in aller Regel mit ihrem echten Namen. »Nur der Wunsch, dass ich verrecken soll, der war immer anonym«, sagt Martenstein.

Heute kämen Briefe meist nur noch von Lehrern oder älteren Menschen mit zittriger Handschrift. Martenstein sagt: »Vor ein paar Jahren dachte ich noch, soll ich mir jetzt echt die Mühe machen, die Handschrift zu entziffern? Aber inzwischen ist es etwas Besonderes, einen handgeschriebenen Brief zu bekommen.«

Heute sitzen die meinungsfreudigen Leser in der Wohnung oder im Büro am Schreibtisch. Sie müssen nicht an die frische Luft, um sich zu entrüsten. Da ist die Schwelle geringer und der Ton rauer, und das hat Rückwirkungen auf die alten Medien. »Auch wir Journalisten haben uns den Umgangston aus den Online-Kommentaren abgeguckt«, sagt Martenstein.

Einen Leserbrief bekamen wir in Pauls Zimmer allerdings nicht zustande. Wir fingen an, strichen durch, schrieben neu, strichen durch, aber schließlich zerknüllte Tamara den Brief und warf ihn auf ein Foto an der Wand, das Paul neben James Hetfield von Metallica zeigte. Hetfield sah schlafbedürftig aus, Paul machte neben ihm ein Gesicht, als wäre er ein Minotauros, den Arm hatte er hochgestreckt und die Faust zur Pommesgabel geformt.

Paul und ich erklärten uns bereit, das Flugblatt drucken zu lassen. Und als wir fertig waren mit den Vorbereitungen, gingen Anna und Tamara nach Hause, während Paul und ich weiter Tee tranken und Musik hörten. Offline-Proteste schweißten zusammen – unabhängig davon, was am Ende dabei herauskam. Obwohl wir uns ab und zu zum Teufel gewünscht hatten, war es der Beginn einer längeren Freundschaft.

Am nächsten Tag standen Paul und ich stolz in einer Druckerei und diskutierten mit dem Besitzer über die Anzahl der Farben für den Flyer, die Auflage und die Kosten. Wir hatten das Gefühl, nicht nur Teil einer Bewegung zu sein, sondern auch etwas Handfestes und Bleibendes beizusteuern.

Schließlich kam die Demo. Sie war die schrillste Variante der öffentlichen Debatte. Da ich in Bonn lebte, als dort noch die Bundesregierung vor sich hin döste, konnte ich wöchentlich unterschiedliche Aufmärsche studieren. Sie gingen quer durch die Stadt, manchmal wurde gesungen, manchmal getrommelt, manchmal schlichen die Leute mit finsterer Miene schweigsam durch die Straßen, manchmal hatte jemand ein Megafon dabei und schrie die Polizisten an.

Demos waren zudem kleine Volksfeste. Es gab Händler, die zu Demozeiten in den Discounter eilten, einige Dosen Limo und Bier kauften, sie in eine Kiste zwischen Eiswürfel legten und den Protestlern als Erquickung für den zweifachen Preis anboten. Einige Leute brieten Würstchen, andere schmierten Brote, Eisstände tauchten wie aus dem Nichts auf.

Als Paul, Tamara und ich uns zu unserer Demo gegen

Studiengebühren begaben, herrschte Aufruhrstimmung, weil wir uns an früher erinnerten, als Benno Ohnesorg gegen den Schah demonstrierte und Ausschreitungen provozierte. Davon inspiriert kamen wir auf die rebellische Idee, die Universität abzusperren. Wir errichteten eine Eingangskontrolle wie beim Zoll.

Die Kontrolle konnte man umgehen, wenn man sagte, »ich habe Examen«, »ich muss lernen« oder »ich muss ein geliehenes Buch zurückgeben«. Oder wenn man Professor war. Oder wissenschaftlicher Mitarbeiter. Oder Sekretär. Oder wenn man auf die Toilette musste. Nicht eingelassen wurden Studierende, die nicht reinwollten.

Die Demo wurde einige Tage vorher per Mundpropaganda angekündigt. Wir verteilten unsere Flyer unter den Demonstranten, damit sie diese wiederum den Passanten in die Hände drückten. Die Öffentlichkeit sollte auf unserer Seite stehen und politisch Druck ausüben. Einige Demonstranten legten die Flugblätter deshalb auf einer Parkbank ab oder steckten sie bündelweise in den Briefkasten einer Kindertageseinrichtung.

Wir marschierten los, flankiert von ein paar unausgeschlafenen Polizisten. Es war ein wenig irritierend, dass die Polizisten nicht so nervös waren wie bei Benno Ohnesorgs Protesten, eher apathisch, aber damit hielten wir uns nicht auf. Wir gingen durch die östliche Innenstadt, wobei wir nicht so genau wussten, wieso wir da langgingen, weil da weder ein Regierungsmitglied wohnte noch ein Fernsehsender zu Hause war.

Stattdessen begegneten wir an einer Kreuzung einer im Marsch gehenden Gruppe Burschenschaftler. Sie trugen traditionelle Kleidung, schwangen Fahnen und feierten ein Jubiläum. Unsere Demo machte kurz halt, um die Burschenschaftler auszubuhen und Daumen runter zu zeigen. Die Burschenschaftler brüllten unflätige Sachen zurück, bis die Polizei eingriff. Ein Beamter brüllte: »Weiter geht's.« So ging es weiter.

Dass auch die digitale Welt nicht sehr zivilisiert sein würde, wurde schon in den Siebzigerjahren klar. Damals nannte man Herumpöbeln »Flaming«, in Flammen aufgehen. Informatiker führten gerade den ersten elektronischen Mailverkehr ein. »Das Gemotze begann sofort mit der Antwortoption bei Mails«, schreibt mir Dave Crocker, der damals die Standards für elektronische Mails im ARPANET mitentwickelte, einem Vorläufer des Internets. »Die Antwortmöglichkeit führte zu schnellen und unüberlegten Aussagen. Auch die Gruppendynamik reizte zum Schimpfen. Wir brauchten etwa sechs Monate, um die Flaming-Impulse halbwegs unter Kontrolle zu bekommen.«

Crocker kommunizierte oft mit seinem Bruder über BBN Tenex – das war so ähnlich wie WhatsApp heute. Der Unterschied war, dass jeder Buchstabe beim Tippen sofort übertragen wurde. »Als mein Bruder etwas Zweideutiges schrieb, machte ich mir einen Spaß und verstand es absichtlich falsch. Ich tat, als wäre ich beleidigt«, sagte Crocker. »Ich schrieb eine erboste Antwort und grinste. Er entschuldigte sich ganz ernsthaft. Da fiel mir auf, dass er mein Grinsen gar nicht gesehen hatte.«

Crocker und sein Bruder entwickelten für solche Fälle

Symbole: -U- für Lächeln, -M- für Stirnrunzeln und -W-für hämisches Grinsen.

»Wir waren halt Ingenieure. Da deckten drei Symbole alle Gemütserregungen ab.«

Forscher betonen, dass Nicken, Lächeln, Augenkontakt, Betonung und Lautstärke zur Kommunikation gehören – und im Netz fehlen diese nonverbalen Signale. Die Leute verstehen nicht, ob ihre Argumente von den anderen Nutzern akzeptiert werden. Sie schreiben zwanghaft weiter, legen immer nach, und sie werden aggressiv. Es geht gar nicht anders. Die Leute sind schnell frustriert und die Debatten versanden deshalb allzu oft, ehe sie zu einem Ergebnis führen.

»Das Internet bildet keine politische Öffentlichkeit mehr. Es ist Resonanzraum des für sich isolierten Egos geworden«, schreibt der Philosoph Byung-Chul Han in der Zeitschrift Philosophie Magazin. Ganz unrecht hat er nicht. Selten lesen wir, wie sich Menschen im Internet auf unsere Ausführungen einlassen.

Als die Demo gegen Studiengebühren zu Ende ging, waren Paul, Tamara und ich erschöpft und gingen in ein Café. Wir hatten womöglich nichts erreicht. Die Politiker ignorierten uns, der Bevölkerung war es völlig egal, ob Studierende Gebühren zahlen mussten. Schließlich musste sie auch für alles Mögliche Gebühren zahlen, fürs Parken zum Beispiel oder fürs Fernsehgucken.

Wir tranken Milchkaffee und aßen Baguettes in einer Kneipe. Im Hintergrund lief ein Song von Portishead, und Paul jammerte herum, dass Studierende nicht mehr so rudi-dutschke-mäßig drauf waren.

»Wofür machen wir das alles?«, schimpfte er.

»Für uns«, sagte Tamara. »Und für alle, die nach uns kommen. Und wenn sie die Gebühren einführen, lassen wir neue Flyer und Plakate drucken, gehen wieder auf die Straße und kämpfen für die Abschaffung.«

Portishead war zu Ende. Es folgte ein Song von Massive Attack. Wir diskutierten noch eine Weile über Studiengebühren, dann ging die Diskussion nahtlos in eine über die Qualität von Trip-Hop über und schließlich über die von Milchkaffee. Gegen Mitternacht saßen wir noch immer beisammen, friedlich der Musik lauschend und über die Pläne für die kommenden Tage redend, denn es gibt etwas, das Debatten offline selten ausarten lässt: unsere Freundschaft.

A cappella im
PLATTENLADEN

Hinter dem weitmaschigen Zaun, durch den ich schaute, ging Marion mit einer Leiter unter dem Arm vorbei und lehnte sie an einen Pflaumenbaum. Um ihre Hüfte hatte sie eine olivgrüne Schürze gebunden, und in der Hand trug sie einen silbernen Blecheimer, den sie die Leiter hochhievte und oben einhängte. Sie begann, Pflaumen zu pflücken – eine nach der anderen. Ab und zu biss sie in eine hinein, blickte mich dabei an und nickte kurz. Hmm, schmeckt.

Marion nahm eine Pflaume und warf sie rüber. Sie landete in dem mit Wasser gefüllten Becken vor meinen Füßen. »Herzlichen Dank«, rief ich und ließ die Pflaume schwimmen.

»Bitte schön«, sagte sie und kümmerte sich nicht weiter um mich.

Ich hatte gar keine Lust auf Pflaumen. Neben mir roch es nach Brombeeren, die mitten in unserem Garten ein Gerüst umrankten, das so hoch war wie ich, und manchmal pflückte ich eine Beere, biss hinein und machte ein

Gesicht, als hätte ich ein Glas frisch gepressten Zitronensaft auf ex getrunken. Es roch außerdem nach frisch gemähtem Gras und dem Kompost, der ein Stück hinter mir vor sich hin rottete.

Die Sonne hatte sich in den Kopf gesetzt, unseren Garten zu verbrennen. Ich trug eine Basketballkappe und kniff die meiste Zeit die Augen zu, als könnte ich meinen Kopf dadurch ein wenig abkühlen. Manchmal stöhnte ich »echt nicht auszuhalten«, und Marion schaute kurz auf und sagte, »das tut mir sehr leid, dass dich das so stresst«, und fügte hinzu »das Beine-ins-Wasser-Halten«.

Meine Eltern hatten ein Plastikbecken aufgestellt und mithilfe eines Gartenschlauchs gefüllt. Ich saß mit dem Po im Gras, die Beine hatte ich über den Rand des Pools ins kalte Wasser gehängt. Hinter mir stand ein Gettoblaster, der die Wellen von SWR 3 empfing – das mussten wir Jugendliche angesichts fehlender Alternativen hören. Und da ich zu dem Zeitpunkt noch nicht über den Luxus eines Doppelkassettendecks verfügte, war ich auf smartes Radiohören angewiesen, um meine Musikkassetten zu füllen.

Heute, da ich so gut wie jeden Song im Internet herunterladen kann, kommt es mir seltsam vor, welche Mühe ich damals auf mich nahm, um Musikkompilationen zu erstellen. Es war schweißtreibende Arbeit, vor allem, wenn mir dabei die Sonne rote Muster auf den Nacken brannte.

Der Moderator im Radio hieß Elmar Hörig. Wir fanden ihn witzig. Mein Schulfreund Mark war der Einzige, der ihn nicht witzig fand, da er ihn drei Jahre als Sport- und Englischlehrer hatte und Anschisse wegen versäumter Hausaufgaben erhielt, wie er mir jedes Mal erzählte, wenn der Mann im Radio kam.

Elmar Hörig hatte die Angewohnheit vieler Radiomoderatoren, in das Ende der Lieder reinzuquatschen. Wir vermuteten, das kam durch Bestechung der Plattenfirmen zustande, die unsere Aufnahmen vermiesen und uns zum Kauf der Platten nötigen wollten. Die Musikindustrie war so wie Sauron in *Herr der Ringe* – sehr kreativ, wenn es darum ging, andere zu drangsalieren.

Interessanterweise kauften wir nur Platten und keine Musikkassetten. Die waren hauptsächlich zum Aufnehmen da, für englische Musik, weil alles Deutsche kaum zu ertragen war.

»Oh nein«, rief Marion, als sie meine Pläne durchschaute. »Du nimmst schon wieder auf.« Ich weiß nicht, wie sie mir das ansah, wahrscheinlich weil ich mit dem großen Zeh konzentriert Ringe durchs Wasser zog.

Ich wartete seit zwei Stunden darauf, dass im Radio *Sweet Child of Mine* von Guns'n'Roses kam, das exakt an die Stelle auf die Musikkassette gehörte, zu der ich sie hingespult hatte. Am Ende sollte eine Best-of-Rock-Mixkassette herauskommen, die ich Marco schenken wollte, damit ich mir als Beifahrer in seinem Auto nicht immer seinen Death-Metal-Schrott anhören musste.

Alles war vorbereitet. Ich hatte sogar die damalige Aufnahmeschutztechnik manipuliert, die auf den Namen »Plastikteilchen« hörte. Die Kassetten hatten oben eine Plastikeinbuchtung, über der ein dünnes Plastikblättchen schwebte. Wollte ich den Inhalt der Kassette schützen, brach ich das Blättchen mit einem Kugelschreiber ab. In aller Regel dauerte es ein paar Tage und ich klebte Tesafilm über die Einbuchtung, am besten in zwei oder drei Schichten, um die alten Sachen wieder zu überspielen.

Mit der Zeit wurde die Aufnahme leider schlechter. Ich hörte leise im Hintergrund die alten Aufnahme durch, sodass sich interessante Song-Collagen ergaben, zum Beispiel *Welcome to the Jungle* vermischt mit *La Isla Bonita*.

Ich trank gerade einen Orangensaft mit Eiswürfeln, als das berühmte Gitarrenteil von Slash erklang, mit dem er *Sweet Child of Mine* einleitete. »Dreck«, schrie ich und warf das Glas ins Wasser. Das Becken färbte sich um die schwimmende Pflaume gelb, als hätte ich hinein gepinkelt. Ich zog meine Füße aus dem Pool und warf mich mit dem Finger voraus auf den Gettoblaster, traf die Aufnahmetaste, aber ich hatte drei Sekunden verpasst.

»Kauf dir endlich die Platte«, rief Marion und kaute auf einer Pflaume herum.

»Wieso, ich hab's doch«, sagte ich und hörte mir das Stück an, aber nicht mit Genuss. Ich betete zu Gott, damit er Elmar mittels Blitz den Mund zuschweißte. Wenigstens das Ende wollte ich ganz drauf haben.

Der Song ging in die letzte Runde, erst ein Gitarrensolo, dann Axl Roses mehrfaches »Where do we go now?«, als würde er ahnen, dass ich mich genau das gerade fragte. Ich zitterte leicht und hatte beide Hände über den Kopf gelegt und als der Song die letzten drei Sekunden einleitete und Axl das letzte »mine« jaulte (maaaaaiiiiaaaaaahhhaaaiiia …) hörte ich parallel dazu Elmars Stimme »Aaaaaah, was für ein herrlicher Song …«.

Ich haute wütend auf Stopp, schrie »Leck mich!« und spulte zurück an die Stelle, an der das letzte Lied endete. Ich konnte Radio nicht leiden.

Der Sender spielte jetzt die Charts rauf und runter: Pet Shop Boys, Whitney Houston, John Farnham, Rick Astley, Bonnie Biancos Duett mit Pierre Cosso sowie *Crockett's Theme* aus Miami Vice.

Bevor Marion ging, sagte sie. »Ich kann mir das nicht länger ansehen. Wir fahren morgen ins Plattengeschäft. Und wehe, du kaufst nichts. Dann kauf ich dir das Zeugs selbst.«

Im Gehen sagte sie noch: »Die Musik ist doch sowieso jämmerlich.«

Am nächsten Tag ging ich mit Marion in den Plattenladen. Er lag im Keller eines Kosmetikgeschäfts. Wir waren mit dem Fahrrad hingefahren und gingen nun an einigen Kartons mit »Body Mist« vorbei, die Treppe runter, direkt auf die Verkaufstheke zu. Links davon ging es weitere fünf Stufen hinunter zu den Plattenregalen.

Dort trieb sich Capo rum, ein Mann aus unserem Dorf, der eine Sammlung von 700 Schallplatten besaß. Er starrte auf ein Album von The Smiths, als er mich entdeckte. Wir hatten einen ähnlichen Musikgeschmack. Er nickte mir kurz zu, von unten nach oben, so als wolle er mich anpöbeln. »Taugt die was?«, rief er und winkte mit den Smiths.

»Ist so okay«, antwortete ich, da ich die Platte kannte. Er packte sie auf seinen Stapel mit sieben weiteren Platten und ging wortlos zur Kasse. Das war nicht unhöflich, sondern ein zielführender Dialog unter Kennern.

Damals war es nicht einfach, neue Musik zu entdecken. Wir hatten nur Radio, kein MTV, und im Fernsehen liefen Formel eins und Ronny's Pop Show. Moderiert wurde letztere Sendung von einem Schimpansen mit der Stimme von Otto Waalkes. Ronny saß hinter einem Schreibtisch, trug Hemden oder Jacketts und fummelte an Gegenständen herum, Tennisschlägern oder Telefonen mit Wählscheiben. Früher durften Fernsehmacher noch Tiere quälen.

Marion und ich durchstöberten die Regale, während im Hintergrund New Orders *True Faith* lief. In dem dazugehörigen Musikvideo hatten sich die Musiker mit Schaumgummi ausgestopfte Kostüme angezogen und trugen Badekappen. Später nannte man das den Teletubbies-Look. In einer Szene gaben sich zwei Leute zum Takt der Musik gegenseitig Ohrfeigen.

An der Theke vorne beim Verkäufer stand derweil ein älterer Herr, der im Radio einen Song gehört hatte und ihn als Single kaufen wollte. Nur kannte er den Songtitel nicht.

»Eine Frauenstimme«, sagte er. »Auf Englisch.«

»Singen Sie doch einfach mal vor«, sagte der Verkäufer.

Der Kunde schaute sich um, aber da ihn außer mir niemand anstarrte, fing er leise und mit rotem Gesicht an zu summen. Als der Refrain kam, wurde er lauter, und es hörte sich nach »hanna-häns-his-ham-badi« an.

Der Verkäufer summte mit und allmählich kamen ihm die Worte über die Zunge. »Whitney Houston«, sagte er. »*Dance with Somebody.*«

Rechts neben mir war inzwischen ein Kunde in ein Gespräch mit einem anderen Verkäufer vertieft. Der Kunde hatte eine Platte in der Hand und sagte: »Das Solo zeigt, dass der Gitarrist die Fender nicht beherrscht. Er schrammelt sie wie eine Akustik, aber sein Spektrum ist begrenzt. Hast du gesehen, dass er bei Konzerten die Membranen seiner Lautsprecher aufschlitzt? Oder Schraubenzieher unter die Saiten klemmt?«

Der Mann seufzte. Wenn Gitarrenfans seufzen ist das ein Zeichen von Reue, weil sie nach 1970 Musikhörer wurden, als Jimi Hendrix schon tot war.

Marion hielt ein Album von The Cure in der Hand. Auf der Rückseite war eine riesige Pupille zu sehen, das Weiß im Auge war leicht gerötet. Das Model, das sein Auge zur Verfügung gestellt hatte, hatte offenbar Heuschnupfen. »Gleich kommt eine Klinge und schneidet das Auge durch«, sagte ich.

Ich blätterte in den Platten vor mir wie in einem Buch. Der weiche Karton der Schallplatten machte das möglich. Ich schlug Seite um Seite auf, die Cover erzählten geheimnisvolle Geschichten, als wären sie Graphic Novels, denn sie verrieten nicht viel über die Musik, die sie verpackten. Es gab keine Werbetexte auf dem Cover außer den Songtiteln und einem Aufkleber, auf dem »Home Taping Is Killing Music« stand, was bedeutete, Musik aus dem Radio aufzunehmen sei ein Attentat auf den Musiker. Die Kampagne hatte sich die

British Phonographic Industry ausgedacht. Darunter stand »... und es ist illegal«. Das Logo der Kampagne bestand aus einer Audiokassette mit zwei gekreuzten Knochen.

Die Ästhetik des Covers verriet zumindest die Musikart. Heavy-Metal-Musiker waren zum Beispiel besessen von christlicher Ikonografie: Kreuze, Monster, Folter, zornige Prediger. In der Volksmusik räkelten sich Kühe auf grünen Wiesen, der Himmel war blau, die Blumen gelb und rosa und die Musiker lachten einen aus ihren Dirndln oder Lederhosen an, als hätten sie beim Foto-Shooting zwölf Eierliköre geleert.

Noch in den Dreißigerjahren waren die Plattenkartons textlastig, Bilder fehlten. Das änderte sich erst durch den Grafikdesigner Alex Steinweiss. Er ließ bekannte Kunstwerke auf die Cover drucken, später auch selbst entworfene Grafiken und schließlich kamen Fotos der Musiker hinzu.

Als sich die Cover-Kunst etabliert hatte, nutzten die Musiker sie, um die Öffentlichkeit zur Weißglut zu treiben. Roxy Music zeigte auf *Country Life* zwei deutsche Frauen, Constanze Karoli und Eveline Grunwald, eine mit durchsichtigem BH und die andere mit Händen vor der nackten Brust. Das Cover wurde in den USA verboten. David Bowie ließ sich 1974 als halben Menschen und halben Hund malen, inklusive nackter Genitalien. Auch dieses Cover wurde verboten und später beschnitten, aber nicht wie Sie jetzt denken, sondern so, dass nur der Oberkörper zu sehen war.

Millie Jackson zeigte sich auf einer Toilette sitzend,

Anthrax ließen eine Heavy-Metal-Faust das Gesicht eines friedliebenden Mannes bearbeiten. Bei Dio peitschte ein Dämon einen Priester aus und Megadeth ließen eine ältere Frau Babys an der Wäscheleine aufhängen. Das wäre immer so weitergegangen, hätte die CD nicht das Albumcover in ein kleineres Format gezwängt. Es wurde höchste Zeit. Wahrscheinlich hätte sonst Alice Cooper ein Cover aus echtem Schweineblut in den Handel gebracht.

Ich suchte Platten danach aus, ob ich mindestens einen Song kannte und mochte. Nur selten hörte ich in die Platten rein. Das war auch recht umständlich: In unserem Laden legte uns ein Verkäufer die Platten zum Anhören auf, und falls wir den nächsten Song hören wollten, musste wir entweder »weiter« rufen, auf die Theke klopfen, pfeifen oder nicken.

Mochte ich einen Song, kaufte ich lieber gleich die Platte, hörte sie mir zu Hause in Ruhe an und redete sie mir schön. Erst nach zwei- oder dreimaligem Hören sah ich ein, dass höchstens zwei oder drei Songs gut waren. Die Musiker steckten ihre kreative Energie in diese Songs, und den restlichen Platz füllten sie mit einfallslosen Balladen.

Einige Bands wie Pink Floyd veröffentlichten Konzeptalben. Die erschlossen sich einem angeblich nur, wenn man sie ganz hörte. Das hinderte die Band nicht daran, zwei Singles daraus zu veröffentlichen. Das war fies: Hier hört ihr die Single, aber ihr werdet sie erst kapieren, wenn ihr sie im Kontext des Albums hört. Der Kontext waren die einfallslosen Balladen, aber Konzeptalbum hörte sich smart an.

Marion sah, dass ich eine Platte von Pink Floyd in der Hand hielt und runzelte die Stirn. Auf dem Cover war ein leuchtendes Dreieck im New-Age-Stil zu sehen. In das Dreieck drang von links Licht ein und rechts kam ein Regenbogen heraus.

»Magst du so was?«, fragte ich.

»So was hören sich nur Jungs an«, antwortete sie.

Lief im Hintergrund ein Song, den wir nicht kannten, spielten wir »Songtitel erfinden«. Wir hörten auf den Text und dachten uns passende Titel aus. Wer die bessere Idee hatte, bekam einen Punkt. »Erdbeereis auf Lebenszeit« hieß zum Beispiel ein Song oder »Boiling Diesel«. Marion gewann 11 zu 1.

Ich nahm *Appetite for Destruction* mit, Marion nichts. Sie kaufte nie Platten, was auch nicht nötig war, da ich ihr meine auf Kassette überspielte. Ich war allerdings nicht sicher, ob sie sich die anhörte, wenn sie allein war. Sie sagte einmal, als ich sie besuchte, sie höre lieber, was draußen los sei. »Wenn ich Musik anmache, höre ich die frische Luft nicht.«

Als wir das Geschäft verließen, sahen wir ein schlecht gemaltes Plakat einer Band, die sich Pest & Beulen nannte und ein Konzert ankündigte. Ein Mann mit langen Haaren war darauf zu sehen, der sich mit den Händen an den Kopf fasste wie die Figur in Edvard Munchs *Der Schrei*. Der Mann hatte jedoch Beulen im Gesicht, und im Hintergrund war ein Mob mit Pestmasken zu sehen, der ihn jagte und gleichzeitig Headbanging-Posen machte.

Damals gab es für Bands ohne Plattenvertrag keine

Möglichkeit auf sich aufmerksam zu machen, außer Flugzetteln und Plakaten. Ins Radio kamen sie nicht ohne Plattenfirma, und entgegen aller heutigen Gerüchte lasen Jugendliche auch in meiner Jugendzeit keine Zeitung, sodass sich eine Anzeige oder ein kleiner Fünfzeiler in der Veranstaltungsrubrik nicht lohnte. Abgesehen davon hätten ihnen die Musikredakteure, die ein wenig etepetete waren, den Vogel gezeigt.

Wir hatten nichts vor an diesem Tag, deshalb gingen wir am Abend hin. Das Konzert kostete keinen Eintritt und fand in einer Schulaula statt. Es gab nur zwei Arten von Licht: an oder aus. Da die Band nicht im Dunkeln spielen wollte, blieb das Licht an – eine Atmosphäre wie auf einer Bahnhofstoilette, und der Boden war genauso schmierig. Die Band spielte Rockmusik, an die wir uns fünf Minuten nach Schluss nicht mehr erinnerten.

Der Sänger hatte schulterlanges, geföhntes Haar und ein Stirnband, als wolle er sich bei der Band Poison bewerben.

»Er ist ein Frosch«, sagte Marion während des Konzerts. »Und er macht Froschmusik.«

Sie hatte recht. Der Sänger hüpfte wie ein Frosch auf der Bühne herum, und als er merkte, dass die Leute »Was machen wir sonst noch«-Gesichter machten, hüpfte er höher, bis fast unter die Decke, in der Hoffnung, dort oben könnte er wie der indische Gott Vayu Winde und Stürme erzeugen und die Leute noch mitreißen.

»Rock the Bill«, sang der Sänger, und Marion nannte den Song »Billy the Frog«.

Links neben der Bühne saß ein gelangweilter Teenager mit Anthrax-T-Shirt vor einem Tisch, auf dem mit Edding beschriftete Kassetten herumlagen, Aufnahmen, welche die Band für fünf Mark verkaufen wollte.

Damals schickten Bands solche Kassetten massenweise an Plattenfirmen. Ein Bekannter von mir, Frank, der Musiker werden wollte, erzählte mir Jahre später, dass die Plattenleute so viele Demos bekamen, dass man mit Gimmicks auf sich aufmerksam machen müsste. Er selbst hatte die Idee, sein Demo-Tape auf einen dreibeinigen Holzstuhl zu kleben und diesen als Paket einzuschicken. Der Stuhl hatte nichts mit der Musik oder den Texten zu tun, aber es war kreativ.

Als Frank mir das erzählte, war ich gerade in der Mainstream-Hassphase. Musik musste Independent sein. Guns'n'Roses waren schon out, Bon Jovi ging gar nicht, jedenfalls offiziell. Es war okay, das heimlich zu hören. Wir standen in Franks Zimmer, einem Kellerraum mit einem Fenster und dem Ausblick auf ein Regengitter von unten und unterhielten uns darüber, wie erfolgreich Bands sein durften, bis sie als Mainstream galten.

Frank wurde melancholisch und sagte, er würde für einen Plattenvertrag nicht auf Prinzipien beharren: »Wenn die sagen, schneide dir die Haare ab, dann schneide ich mir die Haare ab. Wenn sie sagen, spiele wie Bon Jovi, dann spiele ich eben wie Bon Jovi.«

»Du bist ein Loser«, sagte ich. »Werde erwachsen.«

Und wir spielten weiter TippKick.

Jahre später sah ich ihn ein Taxi steuern. Durch das geöffnete Fenster hörte ich Musik, und der Sänger klang wie Frank. Er klang auch ein bisschen wie Bon Jovi.

Frank erzählte seinem Fahrgast etwas und zeigte mit dem Finger ständig auf das Kassettenfach im Auto.

An dem Konzertabend mit Pest & Beulen kauften Marion und ich keine Kassette, wir standen die meiste Zeit in einer Ecke herum und nippten an einer Cola.

»Es ist schon ziemlich langweilig«, sagte Marion.

»Ist es unhöflich, früher zu gehen?«, sagte ich. »Ich meine, würden wir auf der Bühne stehen, wären wir traurig, oder?«

Als Marion und ich trotzdem gingen, regnete es draußen, und wir spürten in unserem Körper diesen Druck, der ein Gewitter ankündigte, als würde die Atmosphäre einen Angriff auf uns vorbereiten. Es lag eine Änderung in der Luft, die schwer auszumachen war, wir waren am Ende der Rockmusik angekommen, wie Francis Fukuyama sagen würde, würde man ihn fragen. Es war vorbei mit Rosen und Kanonen; die Nacht brach ein und bald würde ein neuer Morgen anbrechen, der Grunge würde geboren werden, und er würde alle geföhnten Rocker ins Reich der Verdammnis verjagen – und die Vinylplatten gleich mit.

Und so kamen die CDs.

Als sie kamen, weigerten wir uns, sie zu kaufen. CDs sind nicht dasselbe, sagten wir uns. Es fehlt das Rauschen der Platte. Die schöne, große Hülle. Das Kratzen, das Springen, das überraschende Wiederholen eines mehrsekündigen Teils, der Geruch des Vinyls, die poetischen Rillen. Die CD war eine kleine, widerliche Scheibe, die echte Musik kaputt machte. Wir einigten uns darauf, nie umzusteigen.

Ein paar Monate später hatte ich meinen ersten CD-Player, meine Freunde ebenfalls. Über die Gründe schweigen wir. Wir vermissten die alten, kratzenden, springenden, nach Vinyl stinkenden schwarzen Scheiben nicht.

Die erste CD, die ich kaufte, war von Babes in Toyland – ein wüstes Geschrei, begleitet von einer Musik, die sich so anhörte, als würden die drei Musikerinnen den Chef ihrer Plattenfirma verprügeln. Die Songs hießen *Swamp Pussy* oder *Vomit Heart*.

Die Stimmung im Plattenladen wechselte. Früher waren Plattenläden schmuddelig, chaotisch. Jetzt sahen sie aus wie die Operationssäle im Krankenhaus. Waren die Läden früher ein Urwald, durch den wir als Abenteuerer streiften, waren sie nun ein Nutzwald mit Fernwanderwegen.

Die Platten verschwanden. Die Cover, in denen ich wie ein Buch blättern konnte, wichen Plastikhüllen, die klack, klack machten, wenn sie gegeneinanderstießen. Das Stöbern erinnerte mich nicht mehr an eine Graphic Novel. Stattdessen spiegelten sich die Röhrenlampen von der Decke des CD-Geschäfts in glänzendem Plastik, und ich guckte genervt an meinem Spiegelbild vorbei in der Hoffnung, den Namen der Künstler auszumachen.

CD-Hüllen gingen kaputt. Meist platzte eines dieser Rädchenteile heraus, auf die man die CD drückte. Die abgebrochenen Teile flogen in der CD herum, sodass Babys damit rasseln konnten. Und es gab etwas, was es in der Musik bisher nie gegeben hatte: Ersatzhüllen.

Auch die Aufbewahrung zu Hause änderte sich. Plötzlich hatte ich keine Platten mehr gestapelt herumliegen, sondern kaufte CD-Regale. Ich hatte drei: Sie waren unten mit einem schweren Stein versehen, der den Parkettboden zerkratzte. Manchmal fielen sie ungefragt einfach um, sodass gleich zwei Dutzend CD-Hüllen auf einmal kaputtgingen.

Im Geschäft sahen wir die CDs erst, wenn wir sie kauften oder uns anhörten. Im Regal waren nur leere Hüllen hinterlegt, die CDs waren in Schubladen beim Verkäufer in Sicherheit gebracht. Früher lagerten die Platten ganz selbstverständlich im zugehörigem Cover. Aber die Geschäfte trauten ihrer Kundschaft nicht mehr über den Weg.

Immerhin machte es Spaß, die CDs im Laden anzuhören, denn ich war nicht mehr darauf angewiesen, den Verkäufer anzubetteln, mir den nächsten Song einzustellen. Mit der CD kam der Knopf zum Selbermachen.

Meine Inspirationsquelle für neue Musik wurde Anfang der Neunzigerjahre die Fernsehsendung *120 Minutes* auf MTV. Die Sendung wurde zwischen 1990 und 1994 ausgestrahlt und von Paul King moderiert. King war einst Sänger der Ska-Band Reluctant Stereotypes und trug gelbkarierte Sakkos mit Sternchenkrawatten oder ein Arrangement aus orange-rosafarbener Blümchenweste und bordeauxfarbenem Streifenhemd. Seine Frisur war, als hätte sich Spock aus *Star Trek* Koteletten wachsen lassen.

Als Moderator war King ein gut gelaunter, freundlicher Mensch, der mich in die damalige Indie-Welt einführte: L7, The Breeders, Nirvana, Throwing Muses, The Jesus and Mary Chain, The Verve, Radiohead, The Smashing Pumpkins, Rage Against The Machine, The Offspring, Stereolab and Bad Religion, und nicht zuletzt Dinosaur Jr., der Gitarrensoli hinlegte, die er in unendliche Längen zog – Zeiträume, in denen andere Menschen einen Marathon laufen. So was hörte man sich nur auf CD an. In der heutigen Streamingzeit hätte er damit keine Chance gehabt.

Die Musiker waren damals kreativer als heute, weil sie kein Twitter hatten. Um ihren Unmut gegenüber Kollegen auszudrücken, mussten sie sich etwas Raffiniertes überlegen. Die Band Pavement fügte zum Beispiel 1994 in der Ballade *Range Life* Folgendes über die Kollegen von Smashing Pumpkins ein: »Wir sind unterwegs mit den Smashing Pumpkins. Natürliche Jungs zwar, aber ohne Funktion. Ich verstehe nicht, was die wollen und es interessiert mich wirklich einen Scheißdreck!«

Pavement-Songwriter Steven Malkmus erklärte, er hätte mit seinen Bandkollegen die Zeilen diskutiert, weil er mit Ärger rechnete, aber seine Freunde hielten sie für unproblematisch. Billy Corgan, der Smashing-Pumpkins-Sänger erklärte den Veranstaltern des beliebten Musikfestivals »Lollapalooza«, dass seine Band ganz sicher nicht auf derselben Bühne wie Pavement spielen würde.

Malkmus sagte Jahre später, dass Billy Corgan wohl darüber hinweg sei. Doch dem fiel der Streit 2010 wieder ein. Und nun gab es Twitter. Er verglich dort Pavements Auftritte mit einer Beerdigung: Die Band repräsentiere den Tod des alternativen Traums, während er und die Smashing Pumpkins eine Bestätigung seien. »Die haben keine Liebe. Wir spielen neue Lieder, weil wir Liebe haben!« Das Problem ist, dass die neuen Lieder so durchschnittlich sind, als hätte sie der Bundestag verabschiedet.

Aber ich hatte trotzdem von beiden Bands CDs. Ich kaufte eine CD nach der anderen, die Jahre vergingen und viele Jahre später verkaufte ich eine CD nach der anderen wieder, und schließlich die CD-Ständer und heute liegen nur noch zwanzig CDs in meiner Wohnung verteilt herum. Ich vermisse sie nicht, die alten CDs. Ihr Tod war vorprogrammiert.

Das MP3-Format wurde von Forschern der Fraunhofer-Gesellschaft entwickelt, eine typische Erfindung deutscher Effizienz. Ingenieure nahmen der Musik einfach jene Signale weg, die man als Mensch ohnehin nicht hören konnte.

Napster war der erste File-Sharing-Dienst, über den MP3s im Internet massenhaft ausgetauscht wurden. Jeder konnte Musikdateien von seiner Festplatte anbieten und jeder konnte sie kostenlos herunterladen, obschon es illegal war. Legale Musik im Netz zu kaufen, war gar nicht möglich. Die Musikbranche hatte den Trend verschlafen.

Damals hatte ich ein 56kb-Modem. Die »56« stand für die Stunden, die es dauerte, einen Song herunterzuladen. Ich suchte mir einen Song aus und startete den Download, kochte mir einen Kaffee, holte in der Bäckerei einen Kirschstreusel, las eine 150 Seiten lange Kurzgeschichte von Edgar Allen Poe, schaute die Vorabendserie *Star Trek – Raumschiff Voyager,* in der die Voyager-Besatzung versuchte, mit einem Schiff Kontakt aufzunehmen, das in einer Quantensingularität gefangen war – und in der Werbepause ging ich mal gucken, wie weit der Download war. Er wurde bei 56 Prozent abgebrochen, weil der Anbieter des Songs sein Modem ausgeschaltet und ein heißes Bad genommen hatte.

Schließlich kamen die ersten Streamingdienste und wir bezahlten nicht mehr länger für die einzelnen Songs, sondern für Flatrates, und seither kommt Musik so selbstverständlich aus dem Netz wie Wasser aus dem Hahn und Strom aus der Steckdose.

Für Plattenläden war das Internet eine Katastrophe. Als Recherche für dieses Buch gehe ich nach Jahren wieder in den einzigen Laden, der in meiner Stadt übrig geblieben ist. Er ist so gut wie leer und im Hintergrund läuft Gitarrenrock, Siebzigerjahre. Rechts, wo früher Soundtrack-CDs und CD-Singles standen, sind heute Vinylplatten aufgestellt. Früher gab es im Heavy-Metal-Regal die Rubriken Death Metal, Speed Metal und Gothic Metal. Heute stehen ältere Herren hilflos im Geschäft und suchen Roland Kaiser. Niemand hat einen Kopfhörer auf, um Musik anzuhören.

Vielleicht sind die Vinylplatten eine gute Idee. Es gibt seit einigen Jahren ein Plattenrevival. Peter Patzek, seit 44 Jahren Händler und Betreiber vom »Platten-Pedro« in Berlin-Charlottenburg, sagte vor zwei Jahren gegenüber der taz: »Seit 2006 gibt es eine gesteigerte Nachfrage nach Vinyl. Inzwischen hab ich hauptsächlich

junge Leute im Laden. Die waren noch gar nicht geboren, als die Platten rauskamen.«

Wie Hippiekinder nach einem Bausparvertrag sehne
sich eine neue, mit Nullen und Einsen aufgewachsene
Generation Y nach Haptik, schreibt der taz-Autor. Gute
alte Gegenstände. Man könne sie anfassen, ins Regal
stellen und ihre Besitzer könnten sich an der Musik er-
freuen, die in den Rillen eingeritzt sei.

Tatsächlich führten selbst große Märkte wie SATURN
wieder Vinylplatten ein und amazon hat seine Musik-
abteilung in »Musik-CDs & Vinyl« umbenannt. Es gibt
50000 Vinylplatten in der Sparte »Alternative & In-
die«, ebenso viele bei »Klassik« und knapp 14000 bei
»Jazz« – zumeist Neupressungen zu exorbitanten Prei-
sen, die wir in unserer Jugend nie bezahlt hätten. Eine
Platte von Iron Maiden kostet 34,99 Euro, die CD davon
17,99 und der MP3-Download 9,09.

David C. Giles, Medienpsychologe der Universität
Winchester, veröffentlichte eine Studie über die psycho-
logische Bedeutung von Plattensammlungen. Er sagte
gegenüber dem Magazin COS, die Platten zu Hause seien
eine audiokulturelle Biografie, die Songs im iPod könnten das nicht sein. Echte Platten lägen im Regal, wo wir
sie sähen, wenn wir daran vorbeigingen. Wir erinnerten
uns, dass sie da seien und es sei leichter, etwas, das man
berühren könne, einen emotionalen Wert zuzuorden.

Als ich das lese, schmerzt es mich ein wenig, dass ich
kaum noch Platten und CDs besitze, aber dann rufe ich
am PC meinen Mediaplayer auf, freue mich, dass die mu-
sikalische Kreativität an der Digitalisierung nicht gelit-

ten hat und der Zugriff auf einzelne Lieder so einfach ist wie nie. Ich danke Gott und der Fraunhofer-Gesellschaft, dass ich meine Lieblingssongs hören kann und die schlechten Balladen nicht mehr mitkaufen muss.

In PAPIER
gemeißeltes WISSEN

Ich erinnere mich an diesen freundlichen jungen Mann, der einst meine Familie besuchte. Er hatte einen Anzug ohne Krawatte an und eine schlechte Rockstarfrisur wie die von Keith Richards. In der Hand hatte er ein Köfferchen aus leicht abgenutztem schwarzen Leder und als er unser Haus verlassen wollte, hielt er mit mir an der Tür noch ein Schwätzchen, ob ich mich als Teenager nicht fürs Lesen interessiere, ob ich es nicht toll fände, wenn dicke Bücher nach und nach bei uns eintrudelten?

Ein paar Minuten später erfuhr ich von meinen Eltern, dass er ihnen die 19. Auflage des BROCKHAUS in Ratenzahlung hatte andrehen wollen. Dabei hatten wir schon einen Regalboden einer älteren Auflage dieser Enzyklopädie geopfert.

Ich sah den Mann nie wieder.

Der BROCKHAUS stand schon lange im Regal herum – riesige, schwere Bücher, von denen mir eins mal beim Herausziehen auf den Fuß gefallen war. Die Bücher sind heute noch prima geeignet, um den Bizeps zu trainieren.

Damals war die »Flüssigmachung und Popularisierung der wissenschaftlichen, künstlerischen und technischen Ergebnisse für die Befriedigung und Förderung der allgemeinen Bildung« das Ziel, so stand es einst im Vorwort zur 11. Auflage von 1868.

Ich habe den BROCKHAUS gelegentlich als Abkürzung für meine Schulhausaufgaben kurz vor dem Abitur benutzt. Einmal sollte ich einen Aufsatz über die *Leiden des jungen Werther* für den Deutschunterricht schreiben. Damals, das vergessen wir heute leicht, waren Lexika und Enzyklopädien in Druckerschwärze für die Ewigkeit festgehaltenes Wissen, wie von Vulkanlava versteinerte Worte, die sich nicht ändern konnten. Nicht so wie bei Wikipedia. Wenn heute halb prominente Menschen gerade vor Verwandten ihre letzten Worte aushauchen, trägt einer der Anwesenden mittels Smartphone bei Wikipedia schon den Todeszeitpunkt ein. Wer damals starb, lebte im Lexikon noch einige Jahre offiziell weiter.

Im BROCKHAUS stand alles drin, was man als Schüler wissen musste, glaubte ich. Was im BROCKHAUS stand, war Bildung. Ich bin heute manchmal erstaunt, wie wenig ich damals über die Welt wissen wollte und dass ich im Alltag praktisch nie daran dachte, etwas nachzuschlagen. Es war einfach zu umständlich, und die Dinge, die ich nachschlagen wollte, zum Beispiel wer diese Hip-Hop-Songs von *Rocky V* sang, standen meist sowieso nicht drin.

Wenn ich in die Zeitung oder in ein Buch schaute und dabei auf unbekannte Namen, Orte oder was auch immer stieß, las ich einfach darüber hinweg. Wenn ich Glück hatte, kam mal was im Fernsehen dazu. Mich irritierte es nicht, etwas nicht zu wissen. Es war überhaupt nicht nötig, alles zu verstehen. Rückblickend hat es sogar etwas Entspanntes, den Nachschlagedrang nicht empfunden zu haben.

Der Satiriker Ambrose Bierce bezeichnet in seinem *Wörterbuch des Teufels* das Teleskop als ein Gerät, dessen Beziehung zu unserem Auge dem des Telefons zum Ohr gleiche – es ermögliche fernen Objekten, uns mit einer Vielzahl unnützer Details zu plagen. Zum Glück klingele es nicht. Der BROCKHAUS hatte für mich dieselbe Funktion. Er plagte mich mit einer Vielzahl unnützer Details und zum Glück klingelte er nicht.

Das war nicht im Sinne der Erfinder.

Enzyklopädien sind von der Idee her alt. Das Wort stammt aus dem griechischen »enkylklios paideia« ab, was Kreis der Bildung bedeutet – gemeint war ein System, sich Wissen anzueignen. Der in Zagreb geborene und in Münster lebende Stanislav Pavao Skalić hatte das Wort erstmals im Zusammenhang mit heutigem Verständnis von Enzyklopädien benutzt – als Titel seines 1559 erschienen Buches *Encyclopaediae, seu orbis disciplinarum tam sacrarum quam prophanarum epistemon,* was ungefähr bedeutet: Sammlung von profanem Wissen. Der arme Mann ist nicht wegen seiner vielen Gedanken, die er festhielt, in Erinnerung geblieben, sondern weil er das Glück hatte, ein Wort neu zu deuten, das die Welt fortan übernahm, so ähnlich wie Sascha Lobo mit »Shitstorm«.

Zu verdanken hat Skalić die Etablierung des Wortes vor allem Denis Diderot, der eine Enzyklopädie einführte und sie »Encyclopédie« nannte, weil er Franzose war und ihm nichts Besseres einfiel. Erst von da an verbreitete sich das Wort sozusagen viral, nur langsamer als heute, in Jahrhunderten gedacht.

Wer in meiner Jugend an Enzyklopädien dachte, hatte ein bestimmtes Bild im Kopf: viel Text auf weißem Hintergrund, schwarz-weiße Fotos von wichtigen Menschen, Weltkarten mit gefärbten Ländern, sodass ich manchmal dachte, Deutschland wäre von oben betrachtet eine durchgehend blaue Fläche, während Frankreich eine grüne war, Russland orange. Bei Enzyklopädien dachte ich ferner an ekelhafte Illustrationen menschlicher Körperteile und unlogische Abkürzungen wie »s. d.«, die ganz hinten im Buch erst entschlüsselt waren, weshalb wir damals lieber rieten, was sie bedeuten könnten, etwa »selber denken«, nach dem Motto: kannst du dir doch denken, was das bedeutet. Erst später begriff ich, es bedeutet »siehe da«.

Links gab es natürlich in Druckwerken auch nicht. Heute zeichnen sich heimische Lexika durch schokoladenfarbige Fingerabdrücke aus, weil Kinder versuchen, mit dem Zeigefinger auf die Wörter zu klicken.

Ich blätterte zu »W« wie Werther, einer Stadt bei Detmold, aus der der Bildhauer Peter August Böckstiegel kam, bekannt für sein Gemälde *Bauernkind mit Äpfel,* weil er sich vermutlich ärgerte, dass Vincent van Gogh ein *Stilleben mit Birnen* gemalt hatte, auf dem keine Äpfel zu sehen waren. Aber Goethe kannte Böckstiegel womöglich nicht und ob er je in Werther war, verriet mir der BROCKHAUS nicht, weshalb ich also beim falschen Werther war, nicht dem Briefroman-Werther. Ich blätterte zu G wie Goethe.

Bei den Vorläufern der modernen Enzyklopädien ordneten die Autoren das Wissen nicht in solchen utilitaristischen Anordnungen wie von A bis Z. Die ersten Wissenssammler wollten das Wissen in eine logische Ordnung bringen, sie dachten sich methodische Zusammenhänge aus. In römischen Zeiten etwa wurden in einem Werk zunächst die Astronomie und Geografie abgehandelt, am Ende die schönen Künste. Im 9. Jahrhundert begann der arabische Autor Ibn Qutayba sein Werk mit Themen wie Macht, Krieg und Adel, ganz hinten waren Essen und Frauen. Das war nicht nur sexistisch, sondern auch so sinnvoll, als würde man seine Schallplattensammlung nach der geografischen Herkunft der Sänger im Regal verteilen.

Die frühen Autoren von Nachschlagewerken hatten nur vage Ideen, wer das lesen sollte. Cassiodorus schrieb für die einfachen »Brüder«, aber offenbar nicht für »Schwestern«, Marcus Porcius Cato der Ältere widmete sein Wissen dem »Sohn Marcus«, und da er zwei Söhne hatte, die Marcus hießen, schlug er zwei Fliegen mit einer Klappe. Der Freiburger Mönch Gregor Reisch sammelte Wissen ganz allgemein für die Jugend, ebenso wie Johann Christoph Wagenseil, der seiner Enzyklopädie den heute nicht mehr sehr verkaufsträchtigen Titel *Pera librorum juvenilium* (frei übersetzt: Ranzen mit Büchern für die Jugend) gab, was mit 6000 Seiten schon einen Vorgeschmack darauf gab, was die Jugend später tatsächlich von ihren Ranzen hatte, wobei er es vielleicht besser *Prolapsus nuclei pulposi* genannt hätte, zu Deutsch Bandscheibenvorfall.

Es gab in meiner Jugend noch Menschen, die sich ernsthaft vornahmen, die Enzyklopädien von A bis Z durchzulesen, um ihre Allgemeinbildung zu fördern. Das waren bewundernswerte Leute, die zu Hause noch keine Computerspiele hatten und denen ganz offenbar furchtbar langweilig war.

Bei G wie Goethe fand ich im BROCKHAUS ein paar Fakten zu den *Leiden des jungen Werther*. Ich erfuhr zum Beispiel, dass es sich um einen Briefroman handelte, was ich eigentlich hätte wissen müssen, hätte ich ihn für die Hausaufgabe gelesen, statt mich auf die gelben Edding-Anstreichungen des Vorbesitzers meines Buches zu konzentrieren. Aus Werthers Leiden leitete sich nicht nur der sogenannte Werther-Effekt ab, es gab, wie ich allerdings erst später erfuhr, auch das Werther-Fieber, bei dem sich die Jugend wie Werther kleidete, in blauem Frack, gelber Weste, grauem Filzhut, ledernen Kniehosen und Stulpenstiefeln – sozusagen eine Frühform der heutigen Fantasy- und Science-Fiction-Conventions. So ausführlich stand das natürlich nicht im BROCKHAUS. In Enzyklopädien herrschte Platzmangel, sodass wichtige Werke der Weltliteratur in ein bis zwei Sätzen zusammengefasst werden mussten.

Das Problem der Enzyklopädisten war, dass sich die Nachschlagewerke, die im Regal herumstanden, nicht automatisch aktualisieren konnten. Dieses Problem sollte bis ins späte 20. Jahrhundert nicht gelöst werden, bis die CD-Rom kam und per Abogebühr Updates ermöglichte.

Die letzte, 21. Auflage des BROCKHAUS 2005 bestand aus 30 Bänden mit knapp 300 000 Stichwörtern. Anfang 2002 enthielt die deutsche Wikipedia genau 512 Artikel, heute sind es 1,8 Millionen. Für die Redakteure eines gedruckten Werkes bedeutete das stete Wachstum an Wissen, Begriffe auch wieder rauszuwerfen und sich gut zu überlegen, welche neuen hineinkamen. So waren im vorletzten BROCKHAUS noch Begriffe wie »Big Band Rock«, »Knüppelstereofonie« – ein Begriff aus der Elektroakustik – und »Kragenziehen« drin. Damit ist nicht gemeint, dass der Chef seinen Angestellten zu sich zieht, sondern es handelt sich um ein Umformverfahren für Stahl.

Bei einer Familie, bei der ich zu Besuch war, entdeckte ich im Bücherregal sogar einen alten BROCKHAUS von 1911. Er sah erhaben und wenig genutzt aus. Ich zog ihn vorsichtig heraus und blätterte darin herum:

Ekraseur (frz., spr. -söhr), chirurg. Instrument zum gewaltsamen Abschnüren (Écrasement) krankhafter Teile; ekrasieren, zermalmen, vernichten, ausrotten.

Futterdiebstahl: Diebstahl an Getreide oder andern zu Viehfutter bestimmten oder geeigneten Gegenständen, die jemand wider Willen des Eigentümers wegnimmt, um dessen Vieh zu füttern, wird nur auf Antrag bestraft.

Flugtechnik, die Kunst, mit Vorrichtungen sich in die Luft zu erheben und darin fortzubewegen. Die Helikopteren oder Schraubenflieger werden durch Luftschrauben sowohl gehoben als auch vorwärts bewegt. Bei den Aëroplanen oder Drachenschwebern lässt man mittels einer Luftschraube eine große, schwach geneigte Fläche vorwärts treiben, die durch Drachenwirkung schwebend erhalten wird.

Ich schlug einen weiteren Band auf:

Psychograph (grch.), Schreibapparat, durch den die Geister der Spiritisten sich offenbaren.

Und noch einen:

Weiße Frau, ein Gespenst, das nach der Volkssage in mehreren Schlössern deutscher Fürsten und Herren erscheinen soll, wenn wichtige Begebenheiten bevorstehen.

Ich war fasziniert. Vor mir lag das Wissen über eine unheimliche Welt, in der meine Großeltern noch hineingeboren wurden. Damals wurde den Kühen das Stroh unter der Schnauze entrissen, irre Geister spukten durch Fürstenhäuser, mit denen man über Apparate Kontakt aufnehmen konnte, sofern sie einem nicht krankhafte Teile zuschnürten und sie zermalmten.

Nicht nur veraltete Begriffe, auch Menschen flogen mit ihren Biografien immer wieder zu ihrem Entsetzen aus den Enzyklopädien raus, wenn sich die Bedeutung als nicht groß genug erwies. Die Kriterien für Bedeutung waren früher strenger als heute. Die Wikipedia-Leute diskutieren zum Beispiel darüber, ob ein Kirchenmusiker und Chorleiter aus Isenbüttel in Niedersachsen relevant genug sei, aufgenommen zu werden. Er konnte sich als Komponist mit zwei Liedern in dem von der Hannoverschen Landeskirche herausgegebenen Liederbuch profilieren, so ein Befürworter der Wikipedia-Aufnahme. Die BROCKHAUS-Redaktion hatte einmal lange darüber diskutiert, ob Dieter Bohlen aufgenommen werden sollte. Einige Redakteure wehrten sich vehement, aber Bohlen wurde so erfolgreich, dass man ihm die Aufnahme beim besten Willen nicht mehr länger verweigern konnte.

Da zwei BROCKHAUS-Sätze für einen Aufsatz über den Werther nicht viel hergaben, musste ich wohl oder übel in eine Bibliothek fahren. Dort fand ich mithilfe von staubigen Stichwortverzeichnissen unter anderem einen Aufsatz über Goethe, den die Bibliothek im dritten Stockwerk unter der Erde lagerte, wo vermutlich kleine Dämonen mit Hammer und Axt hausten. Deshalb durften nur erfahrene Bibliothekare rein, die sich mit Schild und Schwert zu wehren wussten, und schweißgebadet das gewünschte Werk hervorbrachten.

Andere Bücher über Werther hätte ich von auswärts bestellen müssen. »Das dauert etwa 12 bis 18 Wochen«, sagte mir die Bibliothekarin. Warum, weiß ich nicht. Ohne Internet fuhren damals irgendwie auch die Lieferanten langsamer. Das bedeutete aber, dass ich künftig Bücher lange bestellen musste, bevor ich überhaupt wusste, welche Arbeiten ich schreiben würde. Deshalb überlegte ich, mir auf gut Glück so zwanzig Bücher aus verschiedenen Themenbereichen vorzubestellen, nur für den Fall, dass ich sie irgendwann einmal brauchen könnte.

Ich wollte auch einen alten Zeitungstext über den Werther-Effekt lesen, von dem mir die Bibliotheksangestellte sagte: »Den gibt es nur auf Mikrofiche.« Ich dachte erst, das waren kleine Fische im Aquarium mit einem gewaltigen Gedächtnis, die launisch vor sich hinblubberten, sodass man höflich ans Glas klopfen und fragen musste, ob sie einem bitte schön das Gespeicherte aufsagen würden. Stattdessen bekam ich eine glibberige, transparente Folie in der Größe einer Postkarte, auf der ungefähr 800 Zeitungsseiten in Formaten durchschimmerten, die für Bakterien komfortabel waren.

Natürlich gab es bei Mikrofiche auch eine Suchfunktion. Sie bestand darin, dass ich die Folie unter einen Bildschirm klemmte, auf den der Inhalt hochprojiziert wurde. Ich musste die Folie so bewegen, dass ich die richtig Seite traf, was schwer war, weil ich gelegentlich husten musste und beim kleinsten Zittern fünf Zeitungsausgaben weiterrutschte.

Ich beschloss nach etwa einer Viertelstunde, dass ich das Mikrofiche-Wissen nicht länger in meinen Recherchen berücksichtigen würde. Mein Motto lautete, wer es mit seinen Schriften nur auf Folie schaffte, hatte eindeutig an Relevanz verloren.

Am Ende las ich in der Schule meinen Essay vor – so nannte ich das jetzt – und erhielt die Note gut. Die Deutschlehrerin war zufrieden, jedoch hätte ich ein paar

Aspekte nicht berücksichtigt, die, wie ich erst in späteren Recherchen feststellte, nur auf Mikrofiche gelagert waren.

Und wenn sie nicht gestorben sind, lagern sie dort immer noch.

Die an den BAUM gefesselte KINDHEIT

Wir trafen uns an der Straßenecke und zogen mit den Fahrrädern los: Isa, Marion, Marco, Alex und ich. Es ging hinaus aus dem Dorf, und als wir an einen Bach kamen, dessen Wasser hoch stand, warfen wir große Äste hinein, in der Hoffnung ihn zu stauen, damit er über die Ufer trat. Aber es klappte nicht, er war zu breit. Das Wasser konnte ausweichen.

Wir fuhren weiter, Alex voraus, Isa hinterher. Marco behielt einen Ast in der linken Hand, mit dem er im Vorbeifahren versuchte, Nüsse von den Bäumen zu schlagen. Nach einer Weile kamen wir an einem Baggersee vorbei, in dem ein Junge im Winter zuvor, als der See gefroren war, beim Eishockeyspiel eingebrochen war und dabei fast ertrunken wäre, hätten ihn seine Mitspieler nicht rechtzeitig herausgezogen. Etwas später kamen wir an dem Kanal vorbei, der unter einer Straße durchführte und in den ein Junge beim Spielen drei Jahre zuvor hineingefallen war. Er wurde von der Strömung unter die Brücke getrieben und auf der anderen Seite von

173

seinem Großvater wieder lebend herausgefischt. Es war gerade noch mal gut gegangen.

Heute gehen solche Geschichten nicht gut. Das sehen wir – die Kinder, die zu Eltern geworden sind – jeden Tag. Wir sitzen mit dem Kind auf dem Schoß auf der Spielplatzbank, recherchieren auf dem Smartphone, welche Spielplatzgeräte das Kind ohne Polster nutzen könnte, und sobald wir vom Touchsreen aufschauen, ist das Kind auf einmal weg. Früher hätten wir auf der Rutschbahn nach ihm gesucht, heute scannen wir die Gegend sofort nach Leichen ab oder nach einem weißen Bus.

Der weiße Bus fährt regelmäßig an Schulen in deutschen Städten vorbei, und der Fahrer versucht, Kinder von der Straße zu angeln. Ich weiß das von Facebook und weil ich die Online-Mitteilungen der Bonner Polizei abonniert habe. Seither traue ich mich kaum noch, meine Kinder zur Schule zu schicken oder aus dem Fenster gucken zu lassen.

Moderne Unternehmen teilen meine Sorgen. Eine neuseeländische Fluglinie führte zum Beispiel Ende 2015 einen Service für Panikeltern ein. Jedes Mal, wenn ein allein reisendes Kind einen Kontrollpunkt passiert, zum Beispiel Check-in, Boarding oder Landung, erhalten bis zu fünf Personen – Eltern, Großeltern, Tanten oder Onkel – eine SMS. Das funktioniert automatisch, da die Kinder ein sogenanntes »Airband« am Arm tragen – mit einem Chip, der an den Kontrollpunkten gescannt wird.

Ich bin offfenbar Teil einer Elternschaft geworden, die in puncto Erziehung nicht länger über autoritär oder antiautoritär diskutiert, sondern sich auf bigbrotheritär verständigt hat. Die Welt ist gefährlich, deshalb müssen wir für unsere Kinder wachsam sein – offline wie online. Ein amerikanischer Autor berichtete kürzlich, dass er die Online-Aktivitäten seiner Tochter überwache, weil er sogar im Netz Angst um sie habe. Sie fände das ein bisschen eigenartig, schrieb er, aber irgendwie auch süß. Sie habe sich daran gewöhnt.

Im Internet gilt Lenore Skenazy als schlimmste Mutter der Welt. Die New Yorkerin hat es zu Ruhm gebracht, weil sie ihr Kind auf dessen Wunsch hin mitten in New York ausgesetzt hatte, damit es allein den Weg nach Hause finden konnte. Seither wollen ihr amerikanische Eltern das Rechtswesen auf den Hals hetzen.

Lenore betreibt die Webseite »Free-Range Kids«, auf der sie dafür wirbt, Kinder ab und zu mal in Ruhe draußen spielen zu lassen. »Wir waren angeln und haben im Wald Hütten gebaut – so haben wir früher abends unseren Eltern von unserem Tagesablauf erzählt. Die heutigen Kids sagen, wir haben am Bildschirm gesessen«, erzählt mir Lenore am Telefon. Sie redet sich während des Gesprächs mehrmals in Rage. »Wenn die Eltern mit einem Kind rausgehen, sagen sie, hier ist die Straße, hier kannst du jetzt mal ein bisschen toben, aber bleibe in Sichtweite. Noch besser, wir Eltern rennen gleich mit. Aber daran ist nichts lustig, mit Eltern um den Wohnblock zu rennen.«

Lenore sieht ihren Blog nicht als Erziehungsblog, sondern als Anti-Angst-Blog. Die Eltern sollen loslassen, schreibt sie, aber gerade das macht vielen erst recht Angst. Sie schreiben Lenore aggressive E-Mails:

»Heutige Kinder brauchen Beobachtung und wer Ihre Ideen verfolgt, ist zu faul, um ordentlich auf seine Kinder aufzupassen!«

Lenore sagt: »Meine Mutter gab mir auf dem Weg zur Schule nie mit, wie oft ich statistisch gesehen ausgeraubt und vergewaltigt werde könnte, aber heutige Mütter machen das.«

Vor Kurzem moderierte Lenore eine Fernsehshow, in der sie Helikoptereltern besuchte, die rund um die Uhr um ihre Kinder herumschwirren, oder wie Lenore es ausdrückt, ihre Kinder Skateboard auf dem Rasen fahren lassen. »Ich habe ihnen die Kinder einfach weggenommen«, erzählt sie. »Ich bat die Kleinen, in den Wald zu gehen und einen Stock mit nach Hause zu bringen. Die haben sich gewundert, dass im Wald so viele Stöcke liegen. Das kannten sie nicht. Als sie nach Hause kamen, waren sie aufgeregt und stolz – es war das erste Abenteuer in ihrem Leben. Die Eltern waren überrascht.«

Auf unseren Fahrrädern fuhren wir damals weiter und entdeckten schließlich einen geheimnisvollen Sumpf mitten im Wald. Ich wusste aus Horrorfilmen, dass man in Sümpfen versinken konnte, dass man immer tiefer sank, bis nur noch die linke Hand herausragte wie bei diesen Zombies, die aus Gräbern stiegen. Dann blubberten ein paar Bläschen auf und man war weg und wurde selbst zum Sumpfmonster. Solche Gefahren nahmen wir ernst, weshalb wir versuchten, Wackersteine hineinzuwerfen, um darauf den Sumpf zu überqueren. In der Mitte stand ein Jägerhäuschen, das wir hochklettern wollten.

Alex und Marion hüpften voraus. Als ich an die Reihe kam, zierte ich mich ein wenig, doch ich raffte mich auf und sprang los. Erst ein Stein, der zweite, dann rutschte ich aus und landete mit dem linken Fuß in der Nässe.

Ich schrie so laut ich konnte: »Hilfe! Holt mich hier raus!«

»Na«, sagte Marco. »Geh doch einfach ans Ufer.«

»Sehr witzig, du Schwachkopf«, sagte ich, weil ich nicht tiefer sank, sondern mit der völlig verschlammten Hose nur dumm in der Gegend herumstand. Trotzdem war ich nicht sonderlich begeistert, nachdem ich erst am Vortag mit durchnässter Hose zu Hause angekommen war, als Folge des Versuchs, mit Anlauf einen Bach zu überspringen. Ich ließ also meine Freunde stehen, raste nach Hause und zog mich um. Meine Eltern waren Gott sei Dank nicht da.

Es ist nicht allein die Angst vor den Gefahren durch Mensch und Natur, die uns Eltern heute stresst, sondern auch die Angst, die Erziehung zu vergeigen. Wer heute ein Kind großziehen möchte, braucht viel Zeit für Ratgeberblogs und Foren, die uns auf alles vorbereiten, was zwischen Geburt und Auszug der Kinder auf uns zukommt: Wie viel Grünkohl muss ich meinem Kind vorsetzen, damit es auf die empfohlene Menge Antioxidantien kommt? Wie reagiere ich, wenn das Kind den Grünkohl unter den Tisch schmeißt und stattdessen Schokolade verlangt? Soll ich dem Kind erklären, dass Grünkohl besser schmeckt? Oder darf ich ihm zur Strafe WhatsApp deinstallieren?

Ich komme mir manchmal wie der Vater in Laurence

Sternes Roman *Tristram Shandy* vor, der für seinen Sohn Tristram einen Erziehungsleitfaden schrieb, eine Tristrapädia, dabei aber glatt seinen Sohn vergaß. Das Werk sollte die Erziehung in allen Facetten beleuchten, es brauchte deshalb Zeit und der Junge wurde vernachlässigt. Mit jedem Schreibtag wurden eine oder zwei Seiten aus dem Leitfaden unbrauchbar.

Statt einen Leitfaden zu schreiben, setze ich mir heute meinen Erziehungsstil im Internet wie ein Puzzle zusammen, weil ich Aussagen von Experten finde, die quasi alles bestätigen, was ich mir so vorstelle, egal wie seltsam diese Ideen sind. Da ist zum Beispiel Michael Winterhoff, ein Psychologe, der in einem Interview erklärt:

»Ich habe einmal einen 18-Jährigen mit einer Störung nach Kanada in ein Wildreservat schicken können. Er wurde dort einem Indianer zugeordnet, der die Aufgabe hatte, Lodges zu pflegen und Bären ausfindig zu machen. Die ersten 14 Tage hat er gar nicht mit dem Jungen gesprochen. Intuitiv. Der Junge hat den Indianer als erwachsenes Gegenüber erlebt. Nach drei Monaten war die Störung behoben.«

Winterhoff hatte auch einen begabten Jugendlichen in der Praxis gehabt, 16 oder 17 Jahre alt, arrogant, ein Endlosdiskutierer, der nichts akzeptieren konnte und alles besser wusste. Er hatte schließlich einen Unfall mit dem Fahrrad, einen komplizierten Becken- und Beinbruch, und musste danach acht Wochen in einem Streckbett liegen. Und danach war die Phase behoben.

Ich kann als Vater meinem Kind, das seinen Grünkohl nicht isst, einen schweigsamen Indianer besorgen oder dem Kind einen Beckenbruch zufügen – oder einen Indianer besorgen, der dem Kind schweigsam das Becken bricht. Dann ist jede Phase behoben. Das ist klar und einfach. Ich liebe das Internet für solche Rundumratschläge.

Winterhoff sagt, dass Eltern präsent und autoritär sein müssen: »Wir selbst hatten in unseren Eltern ein klares Gegenüber. Wir haben eine Instanz in uns, die sagt, was richtig und was falsch ist. Und die haben wir von unseren Eltern.«

Wir waren Indianer, damals, wir brauchten keine. Allerdings muss ich zugeben, dass wir als Kinder selbstverständlich mehr Respekt vor Erwachsenen hatten als heutige Kinder. Zum Beispiel hatten wir uns einen Tag vor der Sumpferoberung an einem kleinen Bach, der hinter einer Gartensiedlung versteckt war, getroffen, denn dort wollten wir mit Holzstücken eine kleine Brücke bauen. Wir legten einen dicken Ast über den Bach, und balancierten darüber. Meist rutschten wir aus und machten uns die Schuhe, Socken und Füße nass. Dann gingen wir mit Schlatsch-Geräuschen bei jedem Schritt nach Hause, hörten uns von den Eltern an, dass wir das lassen sollten, zogen uns trockene Klamotten an und übten am Bach »rüberspringen«. Wir landeten einige Zentimeter vor dem Ufer im seichten Wasser, gingen nach Hause, hörten uns wieder Gemeckere an, zogen uns um und beschlossen, einen Staudamm zu bauen.

Dabei mussten wir einige Bretter und Äste suchen, sie ins Wasser legen und mit Erde festigen. Als der Damm fertig war, standen wir stolz daneben und freuten uns, dass das Wasser über das Ufer stieg. Einer der Gartenbetreiber, dessen Garten durch unseren Damm mit frischem Wasser versorgt wurde, verstand nichts von moderner Bewässerungsfeldwirtschaft. Aber er hatte eine Instanz in sich, die sagte, was richtig und was falsch war. Die hatte er von seinen Eltern. Deshalb kam er den Abhang seines Gartens heruntergerannt und schwang dabei die Heugabel. Er sah aus wie einer der vier apokalyptischen Reiter auf Albrecht Dürers Zeichnung. Er sah nicht aus, als wolle er uns drohen. Er sah aus, als wolle er uns aufspießen.

Als ich am Folgetag mit trockener Kleidung wieder zum Sumpf zurückkehrte, standen meine Freunde bei ihren Fahrrädern und warteten auf mich. Isa hatte ebenfalls ein Sumpfbein, aber sie verzichtete auf die mühselige Umzieherei, so kalt war es ja nicht, da trocknete alles nach einer gewissen Zeit von selbst. Sie guckte, wie sie immer guckte, nämlich völlig gleichgültig, was bedeutete, dass sie ganz zufrieden war. »Das hättest du dir schenken können«, sagte Marco zu mir.

Wir fuhren weiter, einen Kiesweg entlang, parallel zum Damm eines größeren Flusses, der wenige Kilometer weiter in den Rhein floss. Rechts von uns war ein Wald, der hie und da ein paar Lichtungen aufwies, sonst aber das Licht aussperrte. Marco erspähte darin einen alten Bunker aus dem Ersten oder Zweiten oder Dritten Weltkrieg, wir wussten das nicht so genau. Uns interessierte es nicht, welcher Krieg das war – vielleicht war es überhaupt kein Krieg, vielleicht hatten ihn unsere Eltern gebaut, um sich vor ihren mistgabelschwingenden Vätern zu schützen.

Viele Eltern hatten in meiner Kindheit keinen Erziehungsstil. Sie gehörten keiner Bewegung an. Der Erziehungsstil bestand darin, dass wir einiges durften, anderes nicht. Zwischen beiden gab es keinen logischen Zusammenhang. Wir hatten eine vage Ahnung, wofür es Schimpfe geben könnte und wofür nicht, aus Erfahrungswerten.

Risse in der Haut waren okay, Risse in Klamotten nicht. Kinder verprügeln ja, Erwachsene mit Spritzpistolen vom Fenster aus beschießen eher nicht. Sachen gucken, die ab 18 waren, und davon erzählen, war okay, sich bei frischer Tat erwischen lassen, nicht. Bier ging, Rauchen nicht.

Der Bunker lag unter der Erde, nur eine kleine Öffnung guckte aus dem Waldboden heraus. Sie war mit Eisen verschlossen, wie eine Luke.

»Sieht aus wie ein U-Boot«, sagte Alex.

»Zieh mal am Griff«, sagte ich.

Alex zog, Marco zog, dann zogen wir zu dritt, schließlich zogen Marion und Isa mit, aber es war nichts zu machen. Das Ding ging nicht auf.

»Vielleicht ist da noch jemand drin«, sagte Isa. »Eine Leiche.«

»Oder da wohnt einer, der vergessen hat, dass der Krieg zu Ende ist«, sagte Marion.

Müde Krieger machten uns keine Angst. Wir hämmerten und klopften, aber es tat sich nichts.

»Vielleicht kommt er nachts raus und hat Hunger«, sagte ich. Wir sammelten ein paar Nüsse ein und legten sie vor die Luke.

Marion ging ein paar Schritte weg und fing an, mit einem kleinen Stock ein Loch in die Erde zu buddeln. Wir setzten uns daneben und halfen ihr, obwohl wir nicht wussten, was sie vorhatte.

»Was wird das?«, fragte Marco schließlich.

Marion holte ein Salzbonbon aus ihrer Hosentasche und legte es neben sich. Jeder von uns hatte eins. Die Bonbons waren ein Geschenk, das wir von Marcos Oma bekommen hatten. Sie schmeckten ekelerregend. Wir alle holten die Bonbons raus, und als das Loch tief genug war, beerdigten wir sie darin. Unsere Hoffnung war, dass das Papierchen um das Bonbon verhinderte, dass daraus ein Bonbon-Baum wuchs.

Plötzlich hörten wir hinter uns ein Rascheln. Marion nahm einen Stein in die Hand, Isa fror ein, Alex stand auf und sah sich nervös um, ich umklammerte mein Stöckchen und Marco brüllte mit seiner manchmal erschreckend tiefen Stimme »Was los da?«.

Hinter einem Baum kam der fremde Junge hervor, der seit zwei Tagen im Dorf zu Besuch war und dessen Sprache wir schlecht verstanden, weil er aus Bayern kam. Er hatte uns am Tag zuvor beim Bachspringen zugeschaut und mit Prügel gedroht, als wir ihm erklärten, dass Bachspringen nur was für Einheimische sei. Auswärtige würden sich verletzen. Dafür brauche man Bachspringerfahrung.

»Ich sag das! Dass ihr die Bonbons im Wald vergraben habt«, rief er.

Marco hatte ein paar Utensilien in seinem Rucksack, darunter ein Seil. Er nahm das immer mit, seit wir einmal nicht auf einen Hochsitz gekommen waren. Wir standen auf, umzingelten den Jungen und fesselten ihn an einen Baum. Falls er vor unseren Augen eines der Salzbonbons lutschen würde, denn Marco hatte noch eins in Reserve, boten wir ihm seine Freiheit an.

»Wenn du nicht lutschst, holt dich der Bunkermann«, sagte Alex.

Als der Junge sich weigerte, gingen wir ein paar Meter weg, versteckten uns und machten unheimliche Raschel- und Bunkerklopfgeräusche. Das interessierte ihn aber nicht. Wir hörten ihn von Weitem Schimpfwörter brüllen, dass er uns abmurksen würde. Aber nach ein paar Minuten ging er in ein »Hilfe« und »Ich lutsch es!« über. Also kehrten wir zurück und steckten ihm das Bonbon in den Mund. Als er würgte und es ausspuckte, banden wir ihn los.

»Zum Kotzen«, sagte er.

Fortan durfte er mit uns durch die Wälder ziehen.

Er hieß Peter und hatte gute Ideen, zum Beispiel einen dicken Ast abzubrechen und ihn als Hebel für den Bunker zu nutzen. Deshalb kletterte er den Baum hoch, rutschte aus und blieb mit dem Kopf in der Astgabel hängen. Mit den Füßen strampelte er dabei durch die Luft. »Holt mich runter«, schrie er, während wir kicherten und ihn von unten hochdrückten. Als er etwas später wieder herunterkam, brachte er einen Ast mit.

Ich klemmte ihn am Lukengriff des Bunkers ein, und wir warfen uns darauf, sodass die verrostete Öffnung aufsprang.

Es war dunkel im Bunker, und es roch nach Rost und

Eisen »und einer Leiche«, wie Isa mit ihrer Faszination für Verblichenes sagte, aber wir wussten nicht, wie Leichen rochen. Da unten gab es vermutlich Käfer, Spinnen und was sonst noch in Bunkern lebte, Monstertiere, die die Nazis gezüchtet und nach dem Krieg vergessen hatten, als sie auch vergessen hatten, Nazis gewesen zu sein. Wir hatten dummerweise keine Taschenlampe dabei, nicht einmal Marco.

Marion kletterte rein. Wir hörten nichts mehr von ihr, bis sie laut aufschrie und mit »buh« heraussprang.

»Witzig«, sagte Alex, und es klang wie »Blödekuh«.

»Sieh mal«, sagte Marion und zeigte uns eine Holzfigur, die schmutzig und feucht war. Es war ein geschlechtsloses, grob geschnitztes Wesen, dessen Beine bis zur Brust gingen. Eine dünne, unnatürlich lange Hand winkte uns zu, die andere hing bis fast zu den Füßen herunter. Die Nase war eckig, die Augen bestanden aus dünnen Schlitzen und der Mund ging vom linken Rand des Kopfes leicht schräg bis zum rechten Rand. Das Gesicht sah gleichzeitig fröhlich und traurig aus.

Am Abend erfuhren wir von Marions Vater, dem Förster, dass es in seiner Jugendzeit ein Mädchen im Dorf gab, das als sonderbar galt, weil es kaum redete, sich tagsüber in den Wald zurückzog, um dort Figuren aus Holz zu schnitzen. Einige Dorfbewohner fanden sie manchmal vor ihrer Haustür stehen, andere Figuren tauchten an den seltsamsten Orten im Wald auf. Das Mädchen zog eines Tages mit seinen Eltern weg.

Vermutlich war es die letzte Person, die den Bunker vor uns betreten hatte, und Marion überredete uns

dazu, die Figur wieder in ihr »zu Hause« im Wald zu-
rückzubringen und den Bunker zu schließen.

Der Wald war für uns immer ein zauberhafter, ge-
heimnisvoller Ort. Das ist er heute, glaube ich, nicht
mehr. Die Natur ist heute vor allem lebensgefährlich. Ich
habe das erfahren, als ich im Internet nach Gefahren im
Wald gesucht habe. Ich fand eine Webseite der Schutz-
gemeinschaft Deutscher Wald. Dort wird der Paragraf 37
des Landeswaldgesetzes Baden-Württemberg zitiert: Jeder darf den Wald zum Zwecke der Erholung betreten.
Das Betreten erfolgt auf eigene Gefahr.

Auf der Seite steht auch, warum: Bäume sind potenzielle Blitzableiter. Schon bei mäßigem Wind können
Zapfen oder Äste herabfallen. Ein kleinerer Ast kann
schwerwiegende Verletzungen bewirken. Bei Sturm be-
steht die Gefahr, dass Bäume umfallen. Bei Schnee werden sie umgedrückt, und wer sich im Wald mit Fuchs-
bandwurm infiziert, kann nach Jahrzehnten sterben.

Wir kannten als Kinder ein paar Gefahren im Wald
wie zum Beispiel Zecken, aber ansonsten wussten wir
nicht, dass wir in einer Gegend spielten, die unter mi-
litärischen Schutz gestellt werden müsste. Heute lernen Kinder die Natur zum Beispiel mit der App »Kapus
Wald« kennen. Man kann Vögel füttern und Käfer fan-
gen. Man sieht eine Biene mit zwei Honigtöpfen in der
Hand durch das Bild sausen. Als ich ein Kind war, sah
ich nie eine lächelnde Biene mit Töpfen um meinen Kopf
sausen. Was ich sah, waren böse guckende Wespen, die
wie Jagdbomber auf meine Marmeladenbrote stürzten.

Aber es gibt heute natürlich auch aufregende Videospiele und immer aufwendigere virtuelle Welten, die wir mit Head-Mounted Displays wie Oculus Rift so begehen können, als wären sie fast real. Hätte es das in meiner Kindheit gegeben, hätte ich mehr Zeit am Computer verbracht, als ich es ohnehin schon tat. Aber virtuelle Welten sind nicht echt. Sie bleiben nicht im Gedächtnis, und deshalb bin ich froh, dass ich andere Erinnerungen habe.

Hilfe, ein TEENAGER am TELEFON!

Sommerzeit war Badezeit. Marco und ich schwangen uns auf unsere Fahrräder, es ging eine Landstraße entlang, die Pollen brachten mich zum Weinen, aber das war mir egal, denn vor mir lag ein Nachmittag an einem Baggersee, den wir in diesem Sommer für uns entdeckt hatten. Keine Ahnung, wo der früher gewesen war. Er tauchte plötzlich in unserem Leben auf, und wir waren glücklich, so wie Menschen früher, als sie noch kein Gehirn hatten, mit Freude über die Sonne staunten, die da plötzlich am Morgen über den Himmel zog und alles warm machte, und abends wieder verschwand, und niemand wusste wohin, aber gut, dass sie da gewesen war.

Der See lag in der Nähe eines großen Kieswerks. Dessen Förderbänder liefen über die Straße hinweg, auf der wir gerade entlangradelten. Mit seinem komplexen Gitterwerk gaben uns die Förderbänder ein mondänes Gefühl, als führen wir unter der Golden Gate Bridge durch. Der See grenzte nur an einer Seite an das Werk, auf der anderen lag der Strand, zu dem wir wollten.

Als wir von der Straße abbogen, fuhren wir am Gelände des Kieswerks vorbei, das altertümlich wirkte, wie ein Relikt aus Zeiten, als es noch echte Maschinen gab, die sich trotz reichlich Schmieröl schwerfällig bewegten und Lärm machten, die von Arbeitern mit Helmen über Hebel geschaltet werden mussten, stolze Maschinen, die heute abfällig auf diese modernen Fabriken blicken würden, in denen alles vernetzt und einer Software unterworfen ist.

Ein Stück mussten wir das Fahrrad schieben. Der Strand war nur über einen Waldweg zu erreichen, und der war mit Wurzeln überzogen. Nach etwa einem Kilometer öffnete sich der Wald. Wir standen vor einer leuchtenden Sandfläche, die bereits mit Teenagern gut gefüllt war, und sahen einige Meter im Wasser eine Holzinsel, die man mit ein paar Kraulzügen erreichen konnte. Rechts führte ein Steg ins Wasser.

Marco und ich suchten uns einen Platz am Strand, und zwar genau hinter den drei Mädchen, die wir kannten und deretwegen wir gekommen waren.

Marco ging erst einmal schwimmen, und ich blieb am Strand liegen und tat mit meiner Sonnenbrille, als würde ich dösen, ich lauschte aber in Wirklichkeit der Unterhaltung der Mädchen, um Geheimnisse zu erfahren, etwa wer auf wen stand und wer bei wem eine Chance hatte. Spitze Ohren waren damals die einzige Technik, mit der man an solche Informationen herankommen konnte.

Wir waren häufig draußen, weil's drinnen nicht so viel zu tun gab. Drinnen hieß damals, einen dieser bunten Zauberwürfel so lange zu drehen, bis alle Seiten einfarbig waren. Ich weiß nicht, wer dieses stupide Spielgerät erfunden hatte. Wahrscheinlich ein Pädagoge, der die Kinder vor den Gefahren des Lebens draußen schützen wollte, wie zum Beispiel der Kurzweile.

Drinnen bedeutete, *Goonies* zu spielen, ein Spiel für den Commodore 64, den ein Freund von mir mit Kassettenlaufwerk hatte, dem Vorläufer der Diskette. Kassetten hatten eine Ladezeit von etwa ein bis zwei Stunden, sodass wir ein Level in dem Spiel meisterten, indem wir durch eine pixelige Landschaft hüpften und mit einem pixeligen Stuhl eine pixelige Hexe aus einem pixeligen Haus schmissen, dann ging es in die nächste einstündige Ladezeit. Als wir das spielten, spielten wir in Wirklichkeit Mau Mau und aßen Süßigkeiten, gelegentlich unterbrochen durch ein Level *Goonies*. Da waren die Sonne und der Badesee reizvoller.

Die Mädchen vor mir sprachen darüber, dass sie Marco okay fanden, wenn er nicht so bescheuert kichern würde, und sich manchmal aufführte wie Robert de Niro vor dem Spiegel in *Taxi Driver*, kurz bevor er den Präsidenten zu ermorden gedachte. Außerdem fanden sie Marcos Frisur albern, Vokuhila ohne hila, dafür mit reichlich Gel, sodass die Haare nach Schneckenschleim aussahen, was cool war, weil der Depeche-Mode-Sänger das auch so hatte.

Marco trug, wenn er nicht am Badesee war, weiße Tennissocken. Ich weiß nicht mehr, ob die Mädchen das gut fanden oder nicht. Wahrscheinlich nicht. Ich trug sie ja auch.

Ich wollte eigentlich hören, dass sie mich ganz gut

fanden, ohne irgendwelche erwähnenswerten Einschränkungen. Aber sie sprachen nicht von mir, jedenfalls glaubte ich das, doch manchmal wurden sie sehr leise. Ich blickte einmal aus Versehen kurz auf und eines der Mädchen machte große Augen und fragte: »Hast du das jetzt gehört?«

Hinter der Sonnenbrille fiel es mir leicht, eine trockene Miene zu machen und der Sonnenbrand im Gesicht verhinderte, dass man eine emotional bedingte Gesichtsfarbe ausmachen konnte. »Nö«, sagte ich, schüttelte leicht den Kopf und tat, als wollte ich mich sowieso gerade umdrehen, um meinen Rücken zu tönen. Ozonlöcher und UV-Strahlen interessierten uns Teenager damals schließlich auch noch nicht.

Sie flüsterten noch leiser.

Niemand hatte ein Smartphone dabei. Für heutige Teenager wäre das ein ungewöhnlicher Anblick: Alle, wirklich alle Jugendlichen lagen, saßen, tranken, aßen, tratschten, hörten Musik oder lasen in einem Buch. Internet, E-Mail, Suchmaschinen, Streaming, Social Media – das alles war inexistent.

Geeks und Nerds waren nicht die coolen Typen, die im Netz Millionen verdienten, sondern die Typen, denen wir am Badesee höchstens begegneten, wenn sie ihre Geschwister abholten. Sie waren bleich, trugen Brille und schwitzten im Sommer trotz dicker Pullover nicht.

Keiner blickte auf einen Bildschirm, und keiner richtete sich die Haare, um mit der Selfie-Stange von leicht rechts oben ein Foto von sich im Bikini oder in der Badehose zu schießen. Es wurde auch niemandem die Badehose runtergezogen, um ein Nackter-Po-Foto zu machen und es auf Facebook zu posten – zumindest das Foto und das Posten wurde weggelassen, nicht das Runterziehen.

Fotos spielten überhaupt keine große Rolle für uns. Wir machten nur in Ausnahmefällen Fotos, zum Beispiel im Urlaub. Und dann waren die Fotos von langer Hand geplant, wir brauchten dafür besondere Ausrüstungstechnologie, nämlich Fotoapparate und Filme, die wir auch noch entwickeln lassen mussten. Für Badesee war so viel Technik zu umständlich.

Ich lag auf dem Bauch, spürte die Sonne, vergaß, dass die Mädchen flüsterten und überlegte nicht, was ich mit dem Tag noch anfangen konnte, ich fing ja bereits reichlich mit dem Tag an, indem ich da herumlag und nichts tat. Ich war in einer Sonnentrance.

Eltern waren zum Glück nicht am Strand sichtbar. Sie ließen uns zum Badesee, ohne Angst, dass wir ertrinken. Sie hatten keine Statistiken zur Hand, sonst hätten sie gewusst, was ich heute als Vater weiß, dass der Tod durch Ertrinken eine der häufigsten Todesursachen bei Kindern ist. Aber ich bin froh, dass unsere Eltern das nicht wussten, so waren wir allein, und niemand konnte uns anrufen.

Andererseits hat es auch Vorteile, ein Teenager mit Smartphone zu sein. Die Kommunikation geht heute an den Eltern vorbei. Zu meiner Jugendzeit waren nicht einmal Nebenanschlüsse verbreitet, sodass jede Familie genau eine Telefonnummer und ein Telefon ohne Nummernanzeige hatte. Ich kannte die Nummern meiner Freunde auswendig. Heute kenne ich nicht einmal meine Büronummer auswendig. Ich habe einen Zettel neben dem Telefon liegen, falls einer danach fragt. Warum soll man eine Nummer auswendig lernen? Heute sind Nummern nichtssagende Ziffernfolgen und im Speicher unserer Smartphones besser aufgehoben als in unserem Gehirn.

Nummern herausrücken hatte aber zwischen Teenagern früher etwas Offizielles, so wie in den Fünfzigerjahren die Eltern um die Hand anhalten.

Als die Sonne am höchsten Punkt stand, kam Marco aus dem Wasser zu mir marschiert. Ich hatte zu diesem Zeitpunkt eine halbe Stunde damit verbracht, darüber nachzudenken, wie ich die Mädchen um die Nummern bitten könnte und war noch nicht zu einer befriedigenden Lösung gekommen, da stand Marco über mir, schüttelte sich das Wasser vom Leib wie ein zottiger Bernhardiner, guckte in Richtung der drei und fragte: »Seid ihr nächste Woche auch da?«

»Nö«, sagt die eine. »Ja«, die beiden anderen, worauf sie sich gegenseitig anguckten und die Erste ihre Lippen zu verschiedenen Vokalen formte: »I U A I I.« Das bedeutete »bist du wahnsinnig«, aber eine der Jasagerinnen diktierte Marco dennoch eine Telefonnummer, die er sich mit Kuli auf seinen Arm schrieb, was eine nicht bewährte Technik war, weil sich solche Nummern auf Körperteilen durch die Schweißproduktion in abstrakte Gemälde verwandeln konnten. Das zweite Mädchen gab ebenfalls ihre Nummer bekannt. Marco schrieb sie auf den zweiten Arm.

So fuhren wir mit dem Rad nach Hause in der Gewissheit, nächste Woche die beiden wieder treffen zu dürfen.

Wir strahlten, machten Scherze, bis wir zu Hause ankamen und sahen, dass die Ziffern auf Marcos Armen zwar
nicht wie abstrakte Bilder aussahen, aber wie altnordi-
sche Runen.

Am folgenden Montag, als ich von der Schule kam,
fing Marco mich ab und sagte, wir müssten die Nummern rausfinden. Doch das war nicht ganz so leicht wie
heute, es ging eher in Richtung unmöglich. Nicht nur
wohnten die beiden Mädchen in einem anderen Ort, wir
kannten auch ihre Nachnamen nicht.

Wir riefen verschiedene Bekannte an, die in der Nähe
eines der Mädchen schon einmal gesichtet worden waren. Das brachte uns nicht weiter, daher hatte Marco die
Idee, in der einzigen Kneipe ihres Heimatdorfes anzurufen und tatsächlich kannte der Mann, der abnahm, die
Nachnamen der beiden Mädchen, aber er hatte weder
eine Telefonnummer noch ein Telefonbuch.

Das war ein weiteres Problem: Telefonbücher enthielten eine begrenzte Zahl an Nummern, die Nummern be-
nachbarter Regionen passten nicht rein – sie waren in
benachbarten Büchern. Mit etwas Glück lagen solche
Bücher in einer Telefonzelle aus, viel wahrscheinlicher
war, dass sie geklaut wurden. Natürlich war das auch
bei der in unserem Ort der Fall.

Unser Postamt hatte ausgewählte Bücher vorrätig,
weil die Post damals für das Telefon zuständig war. Nach
ein paar Minuten jauchzte Marco, weil er nicht nur das
passende Buch, sondern unter dem Nachnamen eines
der beiden Mädchen nur zwei Einträge gefunden hatte;
bei dem anderen waren es sieben.

»Deine«, sagte Marco, als er mir die Nummern reichte, denn er hatte das Mädchen mit zwei Einträgen in einem Anflug von Großherzigkeit mir zugeteilt. »Das andere Mädchen ist größer und passt besser zu mir«, sagte er.

Vor dem Anruf musste ich an diese John-Hughes-Filme aus den USA denken, in denen attraktive Teenager auf dem Bett sitzen, das Telefon mit Kabelverlängerung vor sich liegen haben und mit den Händen fuchtelnd über dies und das quatschten, über das Leben, die Liebe, Musik und den Sommer.

Die deutsche Realität war ein klein wenig anders.

Ich wollte von einer Telefonzelle aus anrufen, um ein wenig Privatheit zu haben, denn meine Eltern und Brüder waren zu Hause und hätten sich gefreut, mir seelisch beizustehen und ein bisschen mitzuhören. Ich bat auch Marco, mich allein zu lassen.

Die Post hatte nur eine gelbe Telefonzelle in unserem Ort aufgestellt, neben einem gelben Briefkasten, direkt an der Hauptstraße und mit Glasfenstern, die aussahen, als würden sie Kanonenangriffe überstehen, aber nicht Steinangriffe von kleinen Kindern.

Ich warf ein paar Münzen ein, wählte die erste der beiden Nummern und drückte auf silbern-metallene Tasten, die sich so schwer bewegten, als würde von unten jemand gegendrücken. Zudem legte ich ein paar zusätzliche Münzen bereit. Sie reichten für ein Gespräch von 24 Minuten, schätzte ich.

Von zu Hause wäre es nicht billiger gewesen. Hätte uns damals jemand erzählt, dass es eines Tages Flatrates für Telefongespräche geben würde, hätten wir uns schmunzelnd abgewandt mit dem Gedanken, der Gute hat einen Triller unterm Pony.

Es rauschte in der Leitung. Es war eine Art Ferngespräch, da es ins überübernächste Nachbardorf hineinführte.

Während es tutete, ging draußen vor meiner Zelle eine Frau mit einem Hund vorbei. Sie blieb vor der Zelle stehen. Der Hund pinkelte dagegen. Die Dame bemerkte mich erst jetzt, denn normalerweise war die Zelle leer, da jeder im Dorf ein Telefon hatte, und so zuckte die Dame zusammen und tat, als würde sie ihren Hund schelten und ihn mit der Leine wegziehen. Der kämpfte jedoch dagegen an, indem er geschickt seine Vorderbeine in Ziehrichtung als Bremse einsetzte, aber da knackte die Leitung, und ich konzentrierte mich auf das Gespräch.

Eine Frauenstimme meldete sich. Ich sagte meinen Namen und fragte, ob dort Tina wohne, so hieß das Mädchen.

»Ja, und wer bist du?«

»Wir kennen uns vom Baggersee. Ist sie denn da?«

»Von dem am Kieswerk?«, sagte die Frau, die Tinas Mutter war. »Das ist ganz nett da, da waren wir früher auch schwimmen. Da gibt es auch einen Grillplatz, oder?«

»Ja. Ist die Tina denn da?«

»Ja, klar, was habt ihr denn vor?«

»Weiß noch nicht, ist sie da?«

»Heute muss sie noch was machen, aber wenn's ums Wochenende geht, da wird sie wohl frei haben. Wollt ihr an den See?«

»Denke schon. Kann ich sie sprechen?«

Tinas Mutter brüllte »Tina« in den Hörer, so als sollte ich sie suchen gehen.

Ich hörte, wie sie den Hörer auflegte. Sie brüllte lauter. »Tiiii-naaa!«

Ich warf eine neue Münze ein, die unter Ratter- und Krottergeräuschen in einem komplizierten System aus Zahnrädern und Förderbändern verschwand und womöglich unter der Erde bis zur Filiale der Deutschen Post transportiert wurde. Wenn man fertig war, kam aus der Gegenrichtung eine Münze zurück, für die Zeit, die nach dem Auflegen noch übrig war. Sie landete in einem kleinen Schacht, den man wie eine Schaukel nach innen schubste, um die Münze mit dem Zeigefinger herauszuschieben und auf den Boden fallen zu lassen. Dort hob man sie auf und fand in dem Dreck mit etwas Glück noch ein paar andere Münzen, aber in dieser ungenutzten Zelle wären sie wahrscheinlich aus der Zeit vor der letzten Währungsumstellung gewesen, Reichsmark oder so was.

Ich hörte derweil durch den Hörer Schritte, die sich entfernten, dann ein energisches Hämmern gegen eine Holztür. Die Tür ging auf und ich hörte laute Bässe, Keyboard und einen wehleidigen Gesang.

Tinas Mutter sprach, jetzt in hörbarem erzieherischem Tonfall: »Tina! Da ist Telefon für dich!«

Ein total genervtes »Ich. Kann. Jetzt. Nicht.«

Die Mutter nannte meinen Namen und ergänzte, »… und mach das mal leiser!«

»Ich will jetzt nicht. Sag, ich bin nicht da!«

»Das machst du schön selbst!«

Die Tür knallte zu. Ich zuckte leicht zusammen.

Die Tür ging wieder auf.

»Mann, ey!«

Stampfende Schritte, die näher kamen.

Ich hatte Angst und blickte mich um, ob ich mich irgendwo verstecken konnte. Ich hörte ein leises »Altezicke«.

Aus dem Hintergrund kam zurück: »Und räum' mal das Zimmer auf!«

»Boa ey!«

Der Hörer wurde aufgenommen. Eine Stimme, jetzt schläfrig: »Na, wie issses?«

Es gab keine Möglichkeit, sich ohne diesen Telefonterror zu verabreden. Das Telefon war das einzige Social Network, das wir hatten.

Als ein junger amerikanischer Journalist vor einiger Zeit versuchte, ein Jahr ohne Internet zu leben, fühlte er sich von seinen Freunden abgeschnitten. Er schrieb, seine Verabredungen liefen ausschließlich über Facebook und WhatsApp, das Telefon spiele in seinem Bekanntenkreis keine Rolle.

»Du möchtest nicht mit mir telefonieren. Woher weiß ich das? Weil ich auch nicht mit dir telefonieren möchte«, schreibt eine andere amerikanische Journalistin. Sie sei mit E-Mails und Sofortnachrichten glücklich – die Konversation sei kontrollierbar. Das Telefon könne von ihr aus sterben.

Forscher sorgen sich inzwischen ernsthaft, dass sich Teenager nur noch virtuell unterhalten und dabei soziale

Fähigkeiten verlieren oder überhaupt nicht mehr entwickeln. Das klingt ein wenig düster, wenn Sie mich fragen, als würden wir befürchten, Babys werden künftig nicht mehr schreien, wenn sie Hunger oder eine volle Windel haben, sondern Mami und Papi eine Textnachricht schicken.

Problematisch ist es aber, dass wir unangenehme Gespräche ins Virtuelle verschieben – und das machen wir alle, nicht nur Teenager. Sherry Turkle schreibt, dass wir vor allem durch emotionale Konversation lernen, über uns nachzudenken, zur Vernunft zu kommen, selbstreflexiv zu sein. Mussten wir uns früher bei Freunden entschuldigen und uns dabei in die Augen sehen, reicht es heute, »sorry« zu tippen und das abzuschicken. Der Schmerz gehe bei solchen Textnachrichten verloren. Aber der Schmerz sei es, der bessere Beziehungen ermögliche.

Eine 18-jährige Schülerin erzählte Turkle, dass sie Angst vor nicht virtuellen Konversationen habe. Sie wolle das ja mal machen, irgendwann, aber jetzt sofort lieber nicht.

Ich war noch immer in der Telefonzelle und fragte: »Kommt ihr nächstes Wochenende wieder?«

»Mal sehen«, sagte sie. »Vielleicht.«

»Um wie viel Uhr?«

»Na ja, so mittags, nachmittags, wahrscheinlich.«

»Also um drei?«

»Vielleicht.«

»Okay, prima, bis dann.«

Die Woche verging schnell. Als wir am See ankamen, waren beide Mädchen da, und blieben, bis es dunkel wurde. Einige der anwesenden Teenager holten trockene Stöcke aus dem Wald und bauten ein Lagerfeuer. Wir tranken, machten Witze und diejenigen, die es beherrschten, flirteten.

Wenn ich heute bei Facebook in meine Timeline schaue, sind meine Teenagerjahre eine gähnende Leere. Das Feuer brennt nur in meiner Erinnerung und die ist so vage, dass ich nicht einmal genau weiß, wer da alles im Laufe des Abends neben mir saß und mit wem ich noch geredet habe. Und das ist schön, denn ich darf mir ausmalen, dass da Menschen um mich herumsaßen, die ich mochte, und vielleicht war es so, vielleicht nicht.

Sharon Bayantemur, eine 17-jährige Schülerin aus New York City, sagte kürzlich zu einem Journalisten der Time: »Wir Teenager haben heute Angst, dass die experimentellen Jahre unseres Lebens online dokumentiert werden. Wir wissen, dass unsere Fehler für immer im Internet sichtbar sein werden.«

Im Internet vermischen sich die Sphären: Die Wege von Kindern, Jugendlichen, Lehrern, Eltern und anderen Erwachsenen kreuzen sich. Die Generationen stehen sich näher, aber sie überwachen sich auch. Es ist schwer für Teenager, ungehorsam zu sein, um sich die Freiräume zu erkämpfen, die nur für sie selbst sind.

An unserem Lagerfeuer entfernten sich manchmal Paare, um einen Spaziergang im Dunkeln zu machen. Eines kam zurück, und das Mädchen hatte Tränen in den Augen. Dann trennten sich beide, das Mädchen wurde in den Arm genommen und getröstet, der Junge kam mit Händen in den Taschen zu den anderen Jungs und tat cool. »Schluss gemacht«, sagte er. Für den Fall dass es umgekehrt gewesen wäre, falls sie Schluss gemacht hätte, hätte das keinen Unterschied bedeutet, er hätte ebenfalls so getan, als ging es an ihm vorbei, obwohl wir alle wussten, dass das nicht so war – er hätte seine Träne im Auge unterdrückt und leer in die Flammen gestarrt.

Ein anderer Junge und ein Mädchen gingen mit einigem Abstand zueinander in die Nacht hinein und kamen eng beisammen zurück, feixten und suchten sich einen Platz am Feuer mit etwas Distanz zu uns, sodass wir sie sehen und bewundern durften, aber sie dennoch ihre ersten intimen Momente für sich hatten.

Unsere beiden Begleiterinnen blieben bei uns und kicherten, weil Marcos Vorstellung von Lagerfeuerromantik vorsah, Bratwürste über das Feuer zu halten und einmal eine leere Bierflasche, »mal gucken, wann sie schmilzt«. Es ist nicht so, dass wir gebildeter gewesen wären als die Teenager von heute.

»Was willst du mal machen?«, fragte mich Tina.

»Literatur studieren oder so.«

»Wie langweilig«, sagte sie, und ich kam mir unglaublich interessant vor.

»Und du?«, fragte ich.

»Ich möchte was mit Leuten machen, etwas Aufregendes wie meine Cousine. Sie ist Polizistin.«

Marco, der das gehört hatte, sagte: »Aha, Polizistin. Ich kannte mal einen Polizisten. Ein richtiger Saftsack war der, soff sich voll und fuhr so durch die Gegend, aber wenn er einen anderen Besoffenen erwischte, nahm er ihm den Lappen weg.«

Tina schwieg beleidigt.

»Ist doch trotzdem gut«, sagte ich, um Partei für sie zu ergreifen. »Aufregend und so.«

Mir fiel nichts Besseres ein.

»Was willst du mal machen, Marco?«, sagte Sylvia – so hieß das andere Mädchen, das bei Marco saß.

»Nichts«, sagte er und nach einer Pause fügte er hinzu. »Ich werde jetzt gleich ein Bier holen, das werde ich machen.«

»Es gibt da eine Legende, von diesem Baggersee«, sagte ich nach einer Weile, als ich schon ein wenig betrunken war. »Da waren zwei Schwäne, die über den See flogen, ein männlicher und ein weiblicher. Sie waren prächtig anzuschauen, da oben in der Luft, aber ein Jäger campierte unten am See und schoss den weiblichen Schwan ab. Er fiel herunter, in Ufernähe, wo ihn der Jäger herausfischte, in seine Tasche packte, und mit ihm verschwand. Die ganze Nacht kreiste der männliche Schwan über dem See, ohne zu landen; er kreischte nach seiner Partnerin, und es klang bettelnd und traurig. So ging es die ganze Nacht. Und als die Sonne aufging und er alle Hoffnung verloren hatte, da hörte er auf zu kreischen. Er flog höher und höher, so hoch er konnte, dann legte er seine Flügel an seinen Körper und ließ sich wie einen Stein tot auf die Erde fallen.«

Ich hatte die Geschichte aus einem Roman von Clair Huffaker, und der Schwan flog über Sibirien, aber das verriet ich nicht, für irgendwas musste das Lesen ja wohl gut sein.

Die beiden Mädchen schauten mich entsetzt an und Marco lachte.

So ging es hin und her an diesem Abend zwischen uns. Wir kamen uns näher, dann fiel ein falscher Satz und wir rückten wieder voneinander weg. Es war ein Abend der Annäherung und Ablehnung, der Nähe und Distanz, und als ich den Mut fand, Tina zu fragen, ob sie Lust auf einen Spaziergang habe, hakte sie sich unter meinen Arm ein und lehnte ihren Kopf gegen meine Schultern. So gingen wir in die Nacht hinein, weit weg vom warmen, hellen Feuer. Aber das brauchten wir nicht mehr, denn wir hatten uns und die Sterne.

Nichts, rein nichts, erfuhren wir davon online, und doch wussten am nächsten Tag alle, wer mit wem ging und wer nicht mehr zusammen war. Alte Beziehungen waren schnell vergessen, da sich die Paare aus dem Weg gehen konnten.

Hatten es Teenager früher leichter? Oder besser? War das Leben schöner? Wer weiß das schon wirklich? Ich sicher nicht. Als Erwachsene sollten wir uns zurückhalten, Teenagern zu erklären, wie Teenager sind. Wir haben nämlich keine Ahnung.

Die LIEBE ist eine BURGRUINE

47 Prozent der Deutschen glauben, sie umarmen sich zu wenig. In Städten wie Berlin oder Köln treffen sich deshalb wildfremde Menschen zu sogenannten Kuschelpartys.

Im Hintergrund läuft Weltmusik, und die Leute hüpfen wie Schneeschuhhasen durch den Raum, um sich für das Kuscheln aufzulockern. Dann geht es sanft los, zum Kennenlernen. Die Leute reichen einander scheu die Hände, als Einstimmung, dann drücken sie sich sanft die Wangen, erst links, dann rechts. Danach kommt der Bauch dran, die Füße, der ganze Körper. Zum Höhepunkt liegen sie aufeinander und machen Kuschelgeräusche wie »mmmh«, »monz«, »öcks« oder »hupsala«. Sie fühle sich ernährt und geborgen, sagte eine Teilnehmerin dem Fernsehsender RTL, dessen Reporter eine Kuschelparty in Köln besuchten.

Die Partys erfüllen ein Grundbedürfnis nach körperlicher Nähe, ein Bedürfnis, das im Internet verloren gegangen ist. Die Internetmacher haben es beim Internetmachen vergessen, was nicht überrascht, denn das waren schließlich hauptsächlich Ingenieure. Deren Kuschelbedürfnis ist begrenzt. Ihnen reicht der Touchscreen.

Die Rückkehr zum Schmusen ist, glaube ich, vor allem der App Tinder zu verdanken. Tinder hat die Suche nach Liebe und Zuneigung zu einem eiskalten Casting degradiert, bei dem wir innerhalb von jeweils einer Viertelsekunde entscheiden müssen, ob jemand sich als Partner eignet oder nicht.

Man meldet sich mit Facebook an, was praktisch ist, weil man dort schon alles Wesentliche über sich ausgefüllt hat. Anschließend bekommt man Vorschläge von Frauen oder Männern, die überhaupt nichts mit dem zu tun haben, was man auf Facebook ausgefüllt hat. Wer Punkmusik mag, muss mit volkstümlichen Vorschlägen rechnen.

Die Partnervorschläge kommen in Form von Fotos plus Spitzname und Alter. Sagt einem das Foto nicht zu, klickt man auf ein Kreuz. Daraufhin knallt ein virtueller »Nope«-Stempel auf den Partner. Oder man klickt auf das Herz. Wenn der andere einen ebenfalls herzt, ist das ein »Match« – wie beim Tennis – und man darf sich unterhalten. Statt Nope und Herz kann man auch einfach die Fotos links oder rechts aus dem Bild schieben. Rechts ist okay, links ist nichts. Politisch korrekt ist das nicht gerade.

Ich habe es trotzdem installiert, obwohl ich keine Partnerin suche. Wir Journalisten sind ja gewissenhafte Ausprobierleute. Aber vor allem wollte ich wissen, ob ich nach 20 Jahren der Nichttätigkeit auf dem Singlemarkt noch die Mindestattraktivitätsstandards erfülle. Am Ende musste ich mein digitales Foto wegschmeißen, weil es vor lauter »Nope«-Stempeln ganz durch gepatscht war.

Da niemand, wirklich niemand auf meine Herzen reagierte, kam ich irgendwann auf die Idee, nicht länger nach Bauchgefühl, sondern systematisch vorzugehen: Ich schob abwechselnd eine Frau nach links, eine nach rechts. Nach etwa fünf Minuten ohne Feedback schob ich alle nach rechts – alle waren jetzt meine Herzen. Als auch das nichts brachte, nahm ich noch schwule oder bisexuelle Männer hinzu und schob auch die alle nach rechts. Wieder nichts. Mein Selbstvertrauen sank nicht in den Keller, es drückte sich in der Gegend des inneren Erdkerns herum.

Statt mich zu schämen, entschied ich mich, lieber wütend zu sein. Ich will ja gar niemanden kennenlernen. Ihr seid alle sowieso doof, die ihr euch bei Tinder anbiedert, blödes, dummes Singlevolk.

Eigentlich suchen die Leute dort keine Partner im Sinne einer Beziehung, eher im Sinne eines spontanen Beischlafs.

Eine Tinder-Frau aus Hamburg schildert im Forum der Zeitschrift Brigitte ihre Erfahrungen mit Tinder. Sie matchte einen Mann, der gerade geschäftlich im Ausland unterwegs war. Die beiden schickten einander nette Sofortnachrichten, alles war vielversprechend. Er schrieb, dass er gut angekommen sei, aber er sei ein bisschen einsam. Schade, dass sein Termin nicht in Hamburg sei, sonst könne man sich auf einen Drink treffen.

Was der Mann dann vorschlug, gehört nicht detailliert in dieses Buch, sonst wäre es erst ab 18 erhältlich. Die Frau fand das »zu krass«. Er entschuldigte sich und bat sie, sein mitgeschicktes anschauliches Foto wieder zu löschen. Dann schickte er eine weitere Nachricht, in der er beschrieb, wie er zwei unterschiedliche Körperteile auf ganz unbequeme Weise zusammenführen wollte. Sie fand das immer noch krass. »Du bist raus!«, schrieb er schließlich, als hätten sie Ene-Mene-Muh gespielt.

Die Menschen sind so offen und ehrlich im Netz.

In den Achtzigerjahren gab es bei der Partnersuche ausschließlich Offline-Möglichkeiten: Kneipe, Job, Waschsalon, Disko, Kontaktanzeige, Partnervermittlung oder Single-Event.

Ich erinnere mich an eine solche Veranstaltung. Sie fand in einer Diskothek statt, die wie ein Schloss auf einem Hügel thronte. Wir – Alex und ich – gingen einige Schritte bergauf und waren außer Puste, als uns ein Türsteher am Eingang mit Kreppband eine Nummer auf die Brust klebte. Sie war mit fettem Edding geschrieben und von Weitem gut erkennbar. Zu jeder Nummer gab es in der Nähe der Theke ein Postfach.

Sie können sich denken, wie das funktionierte: Wir gingen umher, schauten uns potenzielle Partnerinnen an, und wenn sie uns sympathisch schienen, sprachen wir sie nicht an, sondern merkten uns die Nummer. Schließlich schrieben wir der Auserwählten eine kurze Botschaft oder ein Gedicht, falls uns die Muse traf, und legten alles ins Fach.

So lief es theoretisch.

Was soll ich sagen? Wir waren Jungs, die zu jungsmäßig sein wollten, um das nötig zu haben. Also war unser Ansatz wie folgt: Wir gingen den ganzen Abend in der Disko auf und ab und sobald wir attraktive Frauen erblickten, bewegten wir uns auffällig durch ihr Blickfeld und streckten die Brust raus wie ein Hahn. Dabei glätteten wir das Klettband, damit die Nummer nicht verwurschtelt aussah und zum Beispiel aus einer Acht eine Neun wurde.

Anschließend gingen wir zu unserem Postfach und schauten ins Leere. So ging es den ganzen Abend, und als wir ohne Botschaften und inzwischen recht beschwipst den Berg hinunterschwankten, brüllten wir, dass nur Loser an solchen Veranstaltungen teilnahmen. Wir waren stolz auf unser männliches Singledasein, und zu Hause weinten wir, jeder für sich.

Die Offline-Partnersuche hatte gegenüber der virtuellen den Vorteil, dass man sich an der Bar gleich betrinken konnte.

An einem anderen Abend gelang es uns in derselben Diskothek, trotz fehlender Kreppband-Unterstützung von zwei Frauen die Telefonnummern zu bekommen. Wir pirschten uns zunächst an sie heran wie Robin Hood an den Sheriff von Nottingham. Dabei beobachteten wir sie heimlich – wir tarnten uns, indem wir Koreas tranken und unsere Gesichter hinter den Pappbechern versteckten. Korea war Cola mit einem Rotwein, der ohne Cola nicht schmeckte.

Dann holte Alex mit dem Arm aus und stieß gegen den Becher in meiner Hand, sodass der Korea über Alex'

Hose schwappte. Die beiden Zeuginnen fanden es komisch, dass ich Alex mit einem Tempo-Taschentuch nervös die Flecken abtupfte und sie dabei noch mehr verteilte, wie man das auf Tapeten macht, wenn man Ketchup mit Küchenrollen entfernen will.

Immerhin kamen wir ins Gespräch und redeten über die schlechte Musik in diesem Laden, die Alex und ich eigentlich gut fanden, aber jetzt nicht mehr, weil die beiden Frauen sie nicht mochten. Dann redeten wir über den DJ, den wir alle vier kannten, als er noch kurze Haare hatte, bei den Eltern wohnte und in *Miami-Vice*-Jacketts mit Schulterpolstern im Audi zur Schule fuhr. Er hatte das Gesicht von Sonny Crockett und die Friseur von Rico Tubbs, und wir fanden ihn alle doof.

»Und was macht ihr am nächsten Wochenende?«, fragte eine der beiden Frauen unvermittelt und wir reagierten weder so cool wie Sonny noch so mittelcool wie Rico, eher wie Mike Krüger und Thomas Gottschalk in die *Supernasen*. Wir warfen uns unschlüssige Blicke zu, die bedeuten sollten, wir machen selbstverständlich das am nächsten Wochenende, was ihr uns vorschlagen werdet. Und so tauschten wir unsere Telefonnummern aus.

Wahrscheinlich fanden die beiden es amüsant, dass wir so unsicher reagierten. Womöglich standen sie auf unsichere Menschen, was natürlich Unsinn war, denn damals stand niemand auf sie. Damals gab es in den Filmen, die wir guckten, Männer wie zum Beispiel Jesse Ventura in *Predator:*

»Der Hurensohn hat sich eingebuddelt wie eine Zecke«, sagt Jesse mit Blick auf einen außerirdischen Krieger.

»Du bist getroffen«, sagt Jesses Kumpane neben ihm. »Du blutest, Mann.«

»Ich hab jetzt keine Zeit zu bluten«, sagt Jesse, ohne mit der Wimper zu zucken.

Das waren keine zarten, scheuen Menschen, unsere Vorbilder auf der Leinwand.

Carmen – so hieß eine der beiden Frauen – und ich verabredeten uns, und die Vorfreude auf dieses Treffen war etwas Besonderes. Ich konnte nicht im Internet ihre Biografie recherchieren, ihre Exfreunde identifizieren oder ihre Fotogalerie studieren, deshalb hatte ich mehr Fantasie damals, was andere Menschen betraf. Unsere Zukunft sah ich in Flowerpower-Farben – wie wir mit unserer jungen Liebe am Strand sitzen würden, im Sand, vor uns die Brandung und andere glückliche Menschen, die durch das kühle Wasser stampften. Wir würden an die Delfine und Seesterne denken, die noch weiter draußen im Meer lebten. Der Wind würde uns leicht die Haare aus dem Gesicht blasen und wir würden warten, bis sich die Sterne am Himmel zeigten, sodass wir in die Unendlichkeit blicken konnten.

Alles war offen bis zu dem Tag, an dem wir uns tatsächlich trafen und feststellten, dass es nichts wird, mit dem Strand, den Sternen und der Unendlichkeit. Die Zukunft erschien uns eher wie dieser dunkle Gang in der Burgruine in Windeck, der in eine dicke Mauer hineinführt. Gebückt kann man ihn entlanggehen, so weit, dass sogar die Lichtstrahlen die Lust verlieren, weiter zu strahlen. Die abschließende Steinmauer kann man nur noch ertasten – ängstlich, allein, frierend, umgeben von jahrhundertealter abgestandener Luft und einer uralten Gattung von Mauerwinkelspinnen.

Es wurde nichts mit unserer Liebe, aber mir fiel etwas Neues ein, das die Partnersuche erheblich erleichtern konnte: eine Kontaktanzeige.

Ich gab genau genommen eine Anzeige auf, in der ich Brieffreundschaften in unmittelbarer Umgebung suchte. Das war eine verdeckte Partnerschaftsanzeige, nur dass man später sagen konnte, man habe sich als Brieffreunde kennengelernt. Es klang romantischer.

Auf diese Weise lernte ich eine Frau kennen, die im selben Bundesland lebte wie ich, wenn auch 120 Kilometer von meiner Heimat entfernt. Wir verstanden uns, weil wir die gleiche Musik hörten, was kein Wunder war, weil die Anzeige in einem gedruckten Gothic-Magazin erschien. Ich war in einer Art Gothic-Phase, ohne mich gothic zu kleiden. Aber ich schaute mir die schön geschminkten Gothic-Leute gern an, da mir ihre schaurig-romantische Aura zusagte. Ich bekam viele Antworten von Menschen, die auf Kerzen, heidnische Symbole und blutige Rituale auf Friedhöfen standen.

Aber Silke schien mir ähnlich zu sein. Wir schickten uns Fotos. Sie hatte schwarze, lange Haare und einen Nasenring, sie ging gerne in eine Diskothek, die alternative Rockmusik spielte und so ähnlich aussehen musste, wie die Diskothek, in die ich an den Wochenenden ging –

wenig Licht, wenig Farben in der Kleidung der Leute, laute Gitarrenmusik, viele Tote und Monster auf T-Shirts, lange Haare, Bärte, Stahlarmbänder und von allerhand Messern bearbeitete Hautoberflächen.

An einem Abend, an dem uns langweilig war, überredete ich Marco, eine Spritzfahrt zu unternehmen, so ungefähr 120 Kilometer weit weg, mal gucken, was dort so los ist. Erst nach etwa 100 Kilometern gestand ich ihm, dass ich dort jemanden kenne, aber das störte ihn nicht, im Gegenteil, er fand es sogar witzig. Ich wiederum war mir nicht sicher, ob ich das witzig fand, dass er es witzig fand.

Wir fuhren also in Silkes Ort, aber wir hatten keine Ahnung, wo die in den Briefen beschriebene Diskothek sein sollte. Wir sprachen ein paar rauchende Jugendliche an, die vor einer Kirche standen. Offenbar waren die Wochenenden in dem Ort für die Jugend ziemlich eintönig: Gehen wir in die Disko oder vor die Kirche?

Ein Junge beschrieb uns den Weg, und wir fuhren weiter.

»Da ist sie«, rief ich plötzlich.

»Wowowo?«, rief Marco aufgeregt und guckte sich um, ob da eine junge Frau irgendwo im Dunkeln herumstand.

»Ich meine, die Disko, du Trottel«, sagte ich.

Die Disko sah aus wie die Kirche. Sie stand mitten auf der Straße wie eine Insel, der Weg gabelte sich vor ihr und führte einige Hundert Meter dahinter wieder zusammen. Das Gebäude hatte weiße Mauern, ein schwarzes, spitzes Dach, unter dem ein farbiges Fenster eine historische Dorfszene zeigte: Bauern, die einen hohnlachenden Mann mit verzerrter Stirn und zwei Hörnern jagten.

Wir parkten und stiegen aus. Es war kalt und wir trugen nur T-Shirts, daher eilten wir in die Disko und setzten uns an eine Theke. Der Laden war halb voll. Niemand tanzte, die Jugendlichen standen herum und hielten Getränke in der Hand.

»Zeig noch mal«, sagte Marco, nachdem wir uns ein Bier besorgt hatten. Er meinte das Foto von Silke, das ich ihm schon während der Fahrt aufs Lenkrad gelegt hatte.

Er schaute eine Weile drauf, dann blickte er sich ein wenig in der Disko um und hob die Schultern.

»Sollen wir mal rumfragen, so wie im Tatort?«

»Das ist lächerlich«, sagte ich.

Er machte es trotzdem, aber niemand kannte Silke, nicht einmal der DJ, der aussah, als hätte er vor 30 Jahren bei Motörhead Gitarre gespielt. Wir tranken einen Tequila und dann noch einen.

Plötzlich trat eine junge Frau durch die Tür. Sie tänzelte um ein paar Jungs herum, umarmte hier jemanden und gab da einen Wangenkuss. Sie hatte langes, schwarzes Haar und einen Nasenring, und mir tat die mittlere Rippe unheimlich weh, weil Marco die Frau auch gesehen und seinen Ellbogen unaufhörlich in mich rein geboxt hatte, aber ich war so baff, dass ich mich trotzdem nicht rühren wollte.

»Mist«, sagte ich.

»Jetzt geh einfach mal hin«, sagte Marco.

»Oh, Mist«, sagte ich.

Sie strahlte einen Jungen an, der aussah wie Morten Harket von a-ha. Sie nahm ihn an der Hand und führte ihn zum Tresen, an mir und Marco vorbei. Sie lächelte uns dabei kurz an – so wie man einen Blumentopf anlächelt, der das Zimmer ziert, damit der Raum nicht so leer aussieht.

»Mist«, sagte Marco solidarisch.

Ich drehte mich zur Theke um und wollte noch einen Tequila bestellen, da rief jemand plötzlich laut »Silke« und ich erschrak, bis ich raffte, dass es Marco war, der in ihre Richtung blickte, aber sie reagierte überhaupt nicht, und daher sagte er nur, »wie sollen wir es denn sonst rausfinden?«

Wir tranken einen weiteren Tequila, den letzten, wie Marco sagte, er müsse noch fahren, und dann gingen wir. Ich in Richtung Ausgang und er in Richtung Nicht-Silke, aber das merkte ich erst, als er schon bei ihr stand und ihr das Foto unter die Nase hielt, das ich vergessen hatte, einzustecken.

Sie kannte Silke nicht, aber sie fand es witzig, dass wir uns herumfragten wie im Tatort.

Die erste Partneranzeige überhaupt erschien wahrscheinlich 1695 in einer englischen Zeitung »für die Verbesserung von Ackerbau und Handel«. Dort suchten Landwirte nach Vieh, aber ein Gentleman von etwa 30 Jahren mit gutem Besitz suchte auch eine gute junge Dame mit einem Vermögen von 3000 Pfund und darüber.

1727 gab Helen Morrison als erste Frau eine Anzeige

auf. Sie war nach erfolgloser Partnersuche so verzweifelt, dass sie den Herausgeber einer Zeitung kontaktierte, damit er das zu jener Zeit ungewöhnliche Gesuch druckte: Sie wollte einen netten Mann kennenlernen, der das Leben mit ihr verbringen sollte. Der Bürgermeister dachte, das gezieme sich nicht, dass Frauen in seiner Stadt nette Männer suchten, und er ließ die Frau vier Monate in ein Heim für Menschen mit psychischen Erkrankungen einsperren.

Es dauerte zwei Jahre, da kündigte Silke an, mich zu besuchen – mit Schlafsack, um bei mir zu übernachten. Inzwischen wohnte ich in einem Studentenwohnheim und starb mehrere Tode, so nervös war ich. Ich saugte sogar mein Studentenzimmer, räumte die toten Fliegen vom Fenstersims und wechselte die Bettwäsche, dann holte ich sie vom Bahnhof ab.

Sie sah nicht aus wie auf dem Foto, sie hatte keinen Nasenring mehr und ihre Haare waren kurz, hellblond und stoppelig, und wir brauchten etwa eine Minute um festzustellen, dass das trotz gleichen Musikgeschmacks nichts mit uns wird.

Aber wir waren gezwungen, den Rest des Abends miteinander totzuschlagen. Kein Zug ging zurück an diesem Tag, und sie wollte offenbar kein Geld für ein Zimmer ausgeben oder nicht unhöflich sein.

Ich ging mit ihr in eine Diskothek und wir saßen nebeneinander zusammengesunken in der Ecke. »Ist immer so wenig los?«, sagte sie. »Nö, nur wochentags«, sagte ich. Wir hörten uns ein paar Lieder an, bis halbwegs eine Zeit war, in der wir die Sache beenden konnten. Dann gingen wir noch in eine Dönerbude und aßen Falafel, anschließend ging es in mein Zimmer.

Dort legte sie sich unter die Heizung mit ihrem Schlafsack. Das war der Ort, der am weitesten von mir entfernt war, und als ich am Morgen aufwachte, stand sie mit zusammengerolltem Sack an der Tür, rief »ich find' schon raus« und »wir schreiben«. Ich nickte, und das war das Letzte was wir voneinander hörten.

Marco hatte mehr Glück.

Noch bevor ich in mein Studentenwohnheim zog, gab es einen weiteren Abend, an dem Marco und ich gelangweilt durch die Gegend fuhren und diesmal war er es, der sich in jemanden verliebt hatte, am Abend vorher auf einer Party in eine junge Frau mit dem Namen Lisa.

Er wusste, wo sie wohnte, denn er hatte sie am Abend zuvor dort hingebracht. Es hatte einen Wangenkuss gegeben, mehr nicht, aber das war ein erstes Zeichen von zärtlicher Nähe, und nun wollte er nicht warten auf das nächste Treffen, das erst am nächsten Wochenende geplant war, denn es war gerade mal Sonntag. Liebende sind keine guten Wartenden.

Wir fuhren zu ihrem Haus, das zurückgesetzt von der Straße im Dunkeln lag. Marco nahm an, dass Lisas Eltern nicht zu Hause waren. Er hatte genau genommen vorher dreimal angerufen und dreimal nahm Lisa direkt ab und er legte wieder auf. Heute würde er auf Twitter als #Stalker enden.

Es war ein Fachwerkhaus mit blauen Dachziegeln. Marco parkte das Auto so, dass wir einen leicht schrägen Blick auf das Haus hatten. Er musste das Auto dafür quer auf die Straße stellen, aber es war 22 Uhr und die Gegend war tot. In einigen Häusern sahen wir bläuliche Lichter, da die Leute dort fernschauten.

»Da oben«, flüsterte Marco und zeigte auf Lisas Haus. »Hinter dem Dachfenster brennt Licht.«

»Dort, ein Schatten«, flüsterte ich und zeigte auf das Fenster daneben, in dem kein Licht brannte. »Das muss sie sein.«

Wir saßen da, Kopf an Kopf, so dezent wie Agenten des Bundesnachrichtendienstes. Unsere Gesichter waren leicht beleuchtet vom Kassettenradio, in dem gerade Israel Kamakawiwo'oles *Over the Rainbow* lief. Wir hörten eine Weile zu und hingen unseren Träumen nach. Marco träumte von seiner Liebe, die dort oben saß und vielleicht an ihn dachte, während ich überlegte, was »Where trouble melts like lemon drops high above the chimney tops« bedeuten könnte und wo das überhaupt war, dieses Jenseits des Regenbogens.

Over the Rainbow war zu Ende, die Kassette ebenfalls. Es wurde still. Wir hörten durch das Autofenster, das Marco ein wenig heruntergekurbelt hatte, das Rascheln der Blätter eines Baumes, der einige Meter neben uns stand, und dann den Motor eines Autos, dessen Scheinwerfer ein Verkehrsschild beleuchteten, obwohl wir es noch nicht sehen konnten.

Marco trat aufs Gas, riss das Lenkrad rum und raste davon, direkt über eine Grasfläche in ein Feld hinein. Dort stellte er die Scheinwerfer aus. »Hoffentlich nicht die Eltern«, flüsterte er. Ich schaute nach vorne, auf den Acker und fragte mich, wie wir aus der Nummer herauskommen würden, falls uns jemand fragen sollte, was wir hier vorhatten, so ganz ohne Traktor auf einem ungepflügten Feld.

Das Auto fuhr vorbei. Der Fahrer musste uns gesehen haben, aber die Menschen in unserer Heimat neigten des Öfteren mal zu exzentrischem Verhalten, da war ein Auto, das auf einem Feld stand, im Bereich des Alltäglichen.

Ich kam mir trotzdem wie ein Bandit vor, ein Fassadenkletterer, vor dem die Polizei die Bevölkerung warnte, damit die Leute ihre Balkontüren nachts nicht offen ließen.

Marco fuhr uns zurück und da saßen wir erneut und warteten, bis Lisa entweder den Kopf aus dem Fenster streckte und uns zuwinkte oder zumindest das Licht ausknipste und sich ins Bett legte, damit wir endlich in die nächste Kneipe fahren konnten, um uns bei einer Runde Alkohol zu versichern, was für Flaschen wir waren.

Doch es geschah etwas Unglaubliches: Marco löste den Sicherheitsgurt, glättete sich die Haare, guckte kurz noch in den Rückspiegel und stieg aus. Er sagte keinen Ton, er sah bleich aus. Ich dachte, er würde sich jetzt übergeben, aber stattdessen ging er klingeln.

Lisa öffnete, freute sich und kam herausgerannt. Wir fuhren gemeinsam in eine Diskothek, wo ich den beiden zusah, wie sie die Köpfe immer näher zusammensteckten, sogar tanzten, und dann zog ich mich zurück, bis ich jemanden fand, der mich nach Hause bringen konnte, obwohl er so betrunken war, dass er bereits Dartpfeile in den Flipper-Automaten schmiss. Einige Tage später sah ich Marco und Lisa Händchen haltend durch die Straßen gehen.

Auch der Trennung ein halbes Jahr später wohnte ich bei.

Lisa konnte Marco keine Sofortnachrichten schicken, daher musste sie es ihm ins Gesicht sagen. Es ist aus, sagte sie in jener Diskothek, in der Alex und ich einst mit Kreppband herumgeeilt waren. Sie nannte auch den Grund, aber ich hörte ihn nicht und fragte nicht danach. Marco war bleich. Er nickte nur, ging hinaus, den Berg hinunter und setzte sich in sein Auto. Dort fand ich ihn und setzte mich neben ihn. Wir redeten nicht, das taten Jungs nicht, wenn es um tiefe Bewegungen ging, die wir zwar verstanden, aber nicht aussprechen wollten. Wir hörten nur Mazzy Stars *Halah*.

Der Abschied war endgültig, wir gingen nicht auf dieselbe Schule wie Lisa. Wir sahen sie nicht mehr, ein Nachbardorf konnte manchmal weit, weit weg sein, und selbst heute, als ich nach ihr googelte, ist sie völlig verschwunden aus unserem Leben. Es kommt mir manchmal seltsam vor, dass es Menschen gibt, die nicht im Netz zu finden sind, die so leben, als gäbe es das alles gar nicht, obwohl sie nicht älter sind als ich. Netzlose Menschen.

Trennungen sind heute schwierig geworden, wenn die Ex alles andere als netzlos sind. Damals konnte Marco nicht nachsehen, wie sich Lisas Beziehungsstatus entwickelte, er konnte keine Fotos von neuen Freunden sehen und ihr keine Nachrichten posten, wie sehr er sie vermisse, denn für Telefon und Post war die Hemmschwelle zu groß. Beziehungen waren zu Ende, aus und vorbei.

Wissenschaftler haben herausgefunden, dass die Sehnsucht nach der ehemaligen Liebe im Gehirn ähnlich funktioniert wie die Sehnsucht eines ehemaligen Süchtigen nach Drogen. Nach einer Trennung denken wir 85 Prozent unserer Zeit über die Verflossenen nach, und wenn wir Fotos ansehen, ist das so, wie wenn Exjunkies Heroin anschauen. Das Belohnungssystem im Gehirn wird aktiviert und drängt sie zu dem Stoff hin, der sie glücklich machte.

Lisa Bobby, die Leiterin der Eheberatung »Growing Self Counseling and Life Coaching«, erzählte gegenüber dem New York Magazine, wie sehr die Menschen darunter leiden, dass ihre Verflossenen nur wenige Klicks entfernt sind: »Die Fotos, die Texte – überhaupt diesen Kontakt weiterhin zu haben, gibt einem einen Endorphinschub.« Wir werden zu Exaholics.

Kein Wunder, dass sich Leute nach jedem Frust sofort in die neue Partnersuche stürzen, bei Tinder, bei Parship oder Elitepartner. Die Zeitschrift Neon zeigt sogar Videos von Menschen, die nicht ihre Vorzüge, sondern ihre Macken beschreiben, es gibt »Unverblümt«, wo Singles sich mit »Kinderwunsch-Button« und Videos präsentieren, weil man Videoprofile nicht so leicht fälschen kann. Bei Shop a Man kaufen Frauen Männer ein wie bei amazon.

Irgendwann, in Zukunft, werde ich Empfehlungen bekommen wie »Frauen, die diesen Mann geliebt haben, liebten auch …«, aber bis dahin bin ich jenseits des Regenbogens, wo ich die Wolken hinter mir gelassen habe, wo die blauen Vögel fliegen und meine Wünsche wahr werden.

Dort werde ich auf Tinder geliebt.

ICH war dann mal WEG

Lea Hajner aus Innsbruck betreibt den lesenswerten Reiseblog *Escape Town*. Darin schildert sie im Juli 2015, wie sie einen Sonnenaufgang auf der Hochalmspitze erlebte. Das Titelbild ihres Berichts zeigt das Kreuz, das die Almspitze krönt, aus Stahlstangen und mit einem großen Loch in der Mitte zum Durchgucken. Es folgen 13 Fotos von Leas Auf- und Abstieg mit Untertiteln wie »Am Rückweg ist das Licht wunderschön« oder »Die Gräser im Morgentau«.

»Das Licht ist wunderschön«, schreibt Lea im Blog noch einmal, »und die zahlreichen Fotomotive beim Abstieg halten mich noch eine Weile am Kamm. Dann wacht auch mein Magen auf und befindet, dass es durchaus an der Zeit wäre, das Frühstücksbuffet im Hotel aufzusuchen.«

Ich sitze derweil in meinem Büro, während ich dies lese. Es ist Mitte Juli und ich habe das Fenster gekippt. Das Fenster im Nebenraum ist auch auf, sodass mir ständig ein kalter Wind gegen die Ohren bläst. Es fröstelt mich. Ich habe das Gefühl, dass ich mit Lea da oben auf dem Berg stehe. Da dabei auch mein Magen aufwacht, gehe ich die zwei Meter zum Kühlschrank, schmiere mir ein Brötchen und schalte die Kaffeemaschine ein.

Als ich am fertigen Kaffee nippe, ist Zeit für eine weitere Reise. Diesmal geht es im Blog »Travel Run Play« unter der Überschrift »Juni du Arsch« auf 4000 Meter Höhe, mitten ins Nirgendwo des Paso de Jama zwischen Argentinien und Chile, dann über die Lagunenroute nach Bolivien. »In dieser Nacht war es vermutlich sehr viel kälter als Minus 15 Grad«, schreibt die Bloggerin. »Der Zehnliterkanister Wasser war zu Eis erstarrt.« Es ging nicht weiter mit der Reise, weil das Auto schlappmachte.

Ich sehe auf einem Foto eine Straße in einer öden Landschaft. Darauf sind dicke weiße Pfeile gemalt, die Richtung Chile und Richtung Argentinien zeigen. Ein dritter Pfeil zeigt auf den Straßenrand. »Hier ist es passiert«, steht daneben, als läge da ein toter Wanderer.

Mein Mund ist trocken. Ich gieße mir einen zweiten Kaffee ein. Und bei all dem Stress mit Kälte und liegen gebliebenen Autos gehe ich in der Bäckerei gegenüber noch einen Donut kaufen. Als ich kurz darauf mit Google Maps die Avenida Kennedy in São Paolo entlangschlendere und in die altmodische Werkstatt des Mecânica Wilson schaue, wo die Handwerker – wie typisch – nicht zu sehen sind, klingelt mein Telefon. Ein müder Redakteur fragt mich, wann ich endlich mit dem Artikel rüberkomme.

Das ist das Problem mit virtuellen Reisen: Schon ein kleiner Moment Unachtsamkeit – wenn man zum Beispiel gewohnheitsmäßig den Hörer abnimmt – und man ist zurück in der Tristesse des Alltags.

Trotzdem ist das Reisen im Netz angenehm, besser sogar als echt irgendwohin zu fahren. Das schreiben jedenfalls Leute in der Reise-Community TripAdvisor. Spiegel Online hat einige Reiseberichte von dort zusammengetragen und sie klingen abschreckend:

Taj Mahal, Indien: »Nicht besuchen. Man ist besser dran, wenn man es im Netz anschaut.«

Niagarafälle: »Wir waren unterwältigt. Sie sahen überhaupt nicht aus wie auf den Fotos.«

Für viele von uns ist die virtuelle Welt die reale Welt. Es ist besser, jemand anderes reist hin, in diese reale Welt, und macht für uns virtuell denkende Menschen virtuelle Fotos.

Als ich in den Neunzigerjahren nach Portugal reiste, war das Internet ein zartes Pflänzchen, dessen Blütezeit noch bevorstand. Meine Reise verlief offline.

Ich flog mit Alex, und wir buchten unsere Tickets in einem Reisebüro. Die Leute dort waren findig und suchten für uns das billigste Flugticket aus. Um nach Lissabon zu fliegen, mussten wir erst nach London. British Airways flog uns quasi kostenlos von Deutschland nach Großbritannien rüber, um erst für den Anschlussflug nach Portugal zu kassieren. Das war sozusagen eine Ohrfeige für diese Kontinentler.

Heute buche ich meine Flüge immer im Netz. In einem Buchungsportal finde ich für einen Flug von Köln nach Lissabon zum Beispiel 1515 Angebote, je nachdem, zu welcher Uhrzeit und mit welcher der 14 Fluglinien es losgehen soll. Bei einigen Angeboten muss ich ins Kleingedruckte schauen, weil Bearbeitungsgebühren, Versicherungen und Sondergebühren für das Bezahlen mit unerwünschten Kreditkarten hinzukommen könnten. Manchmal dauert die Buchung heute länger als der Flug.

Damals wusste ich nicht einmal, was Alex und mich in Lissabon erwartete. Wir hatten per Telefon eine Unterkunft gebucht, aber eine Bestätigung hatten wir nicht. Ich hatte vor der Reise ein Jahr Portugiesisch an der Universität gelernt, was bedeutete, dass ich das Plusquamperfekt beherrschte, aber nicht, wie man mit normalen Menschen am Telefon redete. Als ich in einer portugiesischen Pension anrief, stammelte ich wild herum, sodass mein Gesprächspartner umgehend ins Englische wechselte, was wiederum er nicht gut beherrschte. Es war eine günstige Unterkunft, keine internationale.

Wir fanden die Pension im zweiten Stock eines heruntergekommenen Wohnhauses. Zu unserer Überraschung hatten wir ein Doppelzimmer gebucht, und es hatte Dachschrägen, sodass ich mir jedes Mal, wenn ich vom Bett aufstand, um ins Bad zu gehen, den Kopf an der Decke stieß. Das Bad war so groß wie der Kofferraum eines Mittelklassewagens und um zu duschen, musste ich barfuß über das WC klettern.

Die praktischen Reiseinformationen hatten wir einem Reiseführer der Lonely-Planet-Reihe entnommen. Diese Reihe hatte sich das Backpacker-Duo Maureen und Tony

Wheeler Anfang der Siebzigerjahre ausgedacht, als es Asien bereiste. Die beiden notierten sich, was billig war, und wer fortan backpackte, der brauchte den Lonely Planet. Der Reiseführer verrät Absteigen für wenig Geld und die wildesten Aktivitäten für Leute, die gern große Rucksäcke durch die Gegend schleifen.

Jedenfalls hatten wir die Reise in einer Bonner Kneipe mithilfe des Loneley Planet Portugal geplant und so stand fest, dass wir von Lissabon über Coimbra und Porto zunächst in den Norden des Landes fahren würden. Wir hatten kein weiteres Zimmer gebucht und keine Vorstellung, was wir dort machen sollten, da es nichts gab außer Wäldern, nicht einmal Strände, aber die Lonely-Planet-Redaktion war sich sicher, das wir da hin sollten, und es oblag nicht uns Gläubigen, die Schrift infrage zu stellen.

Wir blieben nur eine Nacht in Lissabon und fuhren am nächsten Morgen weiter nach Porto. Dort stiegen Alex und ich in einen Regionalzug um und brachen auf in einen saftigen grünen portugiesischen Wald, den ich vom Fenster aus entzückt stundenlang anschaute, bis der gemächlich vor sich hin ruckelnde Zug plötzlich mitten in der Landschaft anhielt und mich aus meinen Träumen riss. Ohne ersichtlichen Grund. Einfach so. Kein Bahnhof war zu sehen.

Der Wald schien auf einmal dunkler als vorher, und er rückte näher an mich heran, als wolle er mich aus dem Waggon ziehen und seinen Bewohnern – Hexen und Geistern – ausliefern.

»Das war's jetzt«, sagte ich zu Alex, nachdem der Zug auch nach ein paar Atemzügen nicht weiterrollen wollte.

»Was war jetzt? Was soll das heißen?«, sagte Alex.

Mir war in jenem Moment eine Folge der Fernsehserie *Twilight Zone* durch den Kopf gegangen, in der ein Mann einen Zug bestieg, der zwar losfuhr, aber tagelang an keinem Bahnhof anhielt, und als er durch einen Tunnel raste, wurde es dunkel im Zug, und die anderen Fahrgäste entpuppten sich im dämmrigen Laternenlicht als verdorrte Leichen. Der Zug hatte kein Ziel. Er fuhr ewig durch das Reich des Todes.

»Der Zug hält und der Fahrer liefert uns Hinterwäldlern mit Kettensägen aus«, sagte ich, schon halb im Wahn, und rief: »Da im Wald ist ein Licht! Sie kommen uns holen.«

Da war wirklich ein künstliches Licht zu sehen.

Alex starrte mich mit großen Augen an. Dann stand er auf und fummelte an der Tür des Zuges herum, wahrscheinlich wollte er fliehen, schließlich hatten wir keine Waffen dabei.

Die Tür ließ sich nicht öffnen. Alex ging auf die Toilette, und ich schaute durch das Fenster. Zum Wald hin waren es nur wenige Meter auf beiden Seiten der Gleise. Ich schob das Fenster nach unten und ein kühler Lufthauch wehte mir entgegen. Es roch modrig, nach Pilzen und Holz. Das Licht draußen war nicht mehr zu sehen.

»Was wollen wir hier im Norden eigentlich?«, sagte ich, als Alex zurückkehrte. »Das war eine saudoofe Idee, hierherzufahren.«

Nun erst bemerkte ich am anderen Ende des Waggons einen weiteren Fahrgast, eine Frau in unserem Alter. Ihre dunklen Haare hatte sie zu einem lockeren Zopf gebunden. Sie blickte von ihrem Buch auf und lächelte mich über ihre Lesebrille hinweg an.

»A vida é o que fazemos dela. As viagens são os viajantes. O que vemos não é o que vemos, senão o que somos.«

Alex rief: »Was bitte?«

»Das Leben ist, was wir aus ihm machen«, sagte sie in fließendem Deutsch. »Die Reisen sind die Reisenden. Das was wir sehen, ist nicht was wir sehen, sondern was wir sind.«

Nach einer Pause ergänzte sie. »Das ist von Fernando Pessoa, und ich heiße Ana Cristina. Meine Mutter kommt aus München.«

Sie trug ein kurzes Shirt, am linken Handgelenk waren mehrere parallel angeordnete, längliche Narben. Ihre Wangen waren rau von einer Akne, die nicht ganz verheilt war. Die Lippen waren so fein, dass man sie kaum wahrnahm. Bevor sie weiterredete, nahm sie ihre Brille ab und schaute mit Augen, die dunkelgrün waren wie der Wald, eine Weile durch das Zugfenster.

Ich sehe Ana heute noch vor mir, als hätte ich sie erst gestern getroffen.

Heute schaue ich mir meine Mitreisenden nicht mehr so genau an. Das ist nicht schlimm, denn die schauen auch mich nicht an. Als ich kürzlich mit der Bahn fuhr, bot mir ein Mann seinen Fensterplatz an, weil ihn sogar der Ausblick nicht interessierte. Offenbar war er geschäftlich unterwegs, aber das erzählte er mir nicht, dafür hatte er keine Zeit. Er klappte sein Notebook mit Netzverbindung auf, suchte im Internet nach Bildern und Illustrationen und schob sie in eine Powerpoint-Präsentation. Als die Bahn in einen Tunnel fuhr und die Netzverbindung unterbrach, schaute er zum ersten Mal aus dem Fenster in die Dunkelheit. In dieser Zeit trommelte er mit den Fingern auf seinem Knie und als sich das Netz zurückmeldete, rief er seine Mails ab, setzte mit einer Antwort an, brach sie ab, um einen Text in seine Präsentation einzufügen. Ein paar Minuten später prüfte er die Aktienkurse.

Das alles nahm ich nur wahr, weil mein eigener Smartphone-Akku leer war.

Die Menschen um mich herum haben sich dank der Attraktivität des mobilen Internets in verschwommene Gestalten verwandelt, die mich nerven, weil sie ab und zu mit ihrem Ellbogen gegen meinen stoßen, sodass mir beinahe das Smartphone aus der Hand fällt. Vielleicht ist diese Fahrt gerade die wichtigste ihres Lebens, vielleicht lernen sie jemanden kennen, mit dem sie später zusammen sein werden? Oder vielleicht sind sie auf dem Weg zu ihrem Partner, um sich von ihm zu trennen? Womöglich haben sie ihre Arbeit verloren, eine schlimme Diagnose erhalten, womöglich denken sie über den Tod nach? Womöglich freuen sie sich, weil sie gerade zu jemandem unterwegs sind, den sie nach Jahren erstmals wiedersehen werden? Oder sie haben leuchtende Augen, weil sie vor wenigen Stunden erfahren haben, dass sie ihr erstes Kind erwarten?

Obwohl ich bei fremden Menschen auf Reisen schon immer recht zurückhaltend war, kam ich früher bei Bahnfahrten und in Flugzeugen weitaus häufiger ins Gespräch mit meinen Sitznachbarn als heute – und falls nicht, so nahm ich sie wahr und dachte ein wenig über ihr Leben nach.

Ana Cristina fragte uns nach unserem Ziel.

»Meine Eltern leben dort seit einigen Jahren«, erzählte sie schließlich. »Das erste Mal, als ich die Strecke fuhr, dachte ich auch, der Zug würde nie dort ankommen. Ich dachte, wir hätten uns verfahren. Die Zeit dehnte und dehnte sich, während der Zug langsam weiterrollte. Da draußen gab es diese mächtigen Bäume und die Dunkelheit, und alles rückte näher an die Gleise heran, je weiter wir fuhren. Ich dachte, ich könnte die Äste mit meiner Hand berühren, würde ich sie durch das Fenster strecken, und als der Zug plötzlich stoppte, kam ich mir verloren vor, so wie ihr. Ich war allein im Abteil und hatte Angst. Aber ich hatte ein Buch von Pessoa dabei und las gerade diese Zeilen. Dann sah ich mir den Wald noch einmal an. Es war dunkel und das Licht einer Taschenlampe erschien. Ich ignorierte meine Furcht und ging zum vorderen Ende meines Waggons, der sich direkt hinter der Lok mit dem Fahrer befand. Dort vorne öffnete ich das Fenster und sah, wie sich eine Frau mit einem Rucksack der Lok näherte. Sie hatte wilde, zerzauste Haare, schwarze Haut und einen wachsamen Blick. Als sie mich sah, kamen wir ins Gespräch. So erfuhr ich, dass sie mit ihrem Mann, einem Förster, am Rand des Walds lebt. Sie ist Malerin und hat mit den Zugfahrern vereinbart, dass sie ihnen zweimal wöchentlich Post und Lebensmittel überreichen, denn einer der Fahrer dieser Strecke ist ihr Schwager.«

»Die leben in diesem Wald?«, fragte ich unsicher.

»Die Leute, die hier herziehen, sind keine Einsiedler, die auf der Flucht vor dem Leben sind«, sagte sie. »Sie leben hier, weil sie der Wald inspiriert, oder weil sie den Beruf lieben, der sie herführte. Und sie finden Wege, mit der Welt in Kontakt zu bleiben.«

Alex sah nicht überzeugt aus.

»In der Regel gehen sie nicht mit Kettensägen auf Touristen los«, sagte Ana schließlich und lachte.

Sie holte einen Stift aus ihrer Tasche und da sie kein Papier hatte, schrieb sie uns einen Namen auf ihr Handgelenk: Solar do Vinho do Douro. »Das ist das Lokal meiner Eltern. Sie waren Anwälte und haben mit Anfang sechzig ihren Beruf aufgegeben, um etwas Neues zu wagen. Das war eine gute Idee, denn als ich ein Kind war, kamen sie mir immer wie Fremde vor, die zufällig im selben Haus wohnten wie ich. Sie mussten alt werden, um sich zu finden – und auch um mich zu finden. Ihr solltet das Lokal ausprobieren. Morgen hat es geöffnet.«

Der Zug ruckelte, zischte und fuhr endlich weiter und bald tauchte wie aus dem Nichts ein Bahnhof auf, und dann der Schimmer eines Dorfes, das Ziel unserer Reise.

Wir verabschiedeten uns von Ana und machten im Dorf eine Pension aus, in der wir ein Zimmer mit Blick auf das vermooste Garagendach erhielten. Das Zimmer mussten wir uns wieder teilen, weil Lonely-Planet-Reisende sich ihre Kammern immer teilten, da sie dachten, das macht man so, dabei hatten die Lonely-Planet-Reisenden vergessen, dass die Lonely-Planet-Gründer ein Ehepaar waren, bei denen das Doppelzimmer eine andere Bedeutung hatte. Als ich abends todmüde ins Bett sank, stieg mir der Duft der Regenrinne und unserer Wanderstiefel in die Nase.

Am nächsten Tag machten wir uns auf die Suche nach einem Abenteuer. Lonely Planet versprach uns eine wundervolle Wanderstrecke, die nur sehr grob vorgegeben war, denn Backpackern machte es nichts aus, sich zu verlaufen, das gehörte zur selben Philosophie wie das Doppelbett. Der Weg führte eine geteerte Straße hinauf. Wir folgten ihr und traten in eine Landschaft, die links und rechts von der Straße an eine Wüste erinnerte, an Staub, Einöde, Verdursten und Bison-Skelette. Dass die Strecke ein Geheimtipp war, erkannten wir daran, dass uns jeder Autofahrer, der uns entgegenkam, anhupte, obwohl wir so nah am Straßenrand wie möglich gingen.

Schließlich kam eine Abzweigung, aber wir wussten nicht, ob wir abbiegen mussten.

»Hier geht's weiter«, sagte ich, einer spontanen Eingebung folgend, und zeigte geradeaus.

Alex, der nie auf mich hörte, packte den Reiseführer aus und starrte auf die grobe Karte im Maßstab von schätzungsweise eins zu einer Million. »Da ist ein Symbol eingezeichnet«, erklärte er. »Das könnte der Baum hier sein.« Er zeigte auf einen Baum neben der Straße. »Das heißt, wir müssen nach links.«

Ich musste lachen.

»Wer ist so bescheuert und zeichnet einen Baum als Markierung in eine Karte ein? Das sieht eher wie eine Kirche aus.« Es hätte allerdings auch etwas anderes sein können: ein Turm, eine Mauer, eine Plantage, ein Flugzeug oder der Planet Saturn.

»Wir müssen weiter bis zur Kirche«, sagte ich trotzdem. Es gehörte sich, bei Wanderungsdebatten dickköpfig zu sein. Ich ging ein paar Schritte, um lästige Diskussionen zu ersparen, da machte es Hup-hup und ich blieb schmollend stehen. »Vielleicht ist es doch ein Baum«, sagte ich und wir bogen ab.

Als wir 30 Meter weit von der größeren Straße entfernt waren, hörten wir hinter uns Hup-hup.

»Sie wollen uns vor diesem Weg warnen«, sagte ich.

»Tst«, sagte Alex.

Es ging weiter und weiter, und es war uns beiden klar, dass wir die Karte vergessen konnten, weil wir nicht mehr wussten, wo wir waren, fast so als wären wir wieder mit dem Auto auf dem Weg nach Köln zu einem Konzert. Aber wir schwiegen, bis plötzlich ein Insekt vor mir in die Höhe hüpfte. Es schwebte eine Sekunde auf der Höhe meiner Stirn, blickte mich mit zwei leblosen Augenpaaren an und verschwand, wobei ich es auf dem Boden nicht entdecken konnte. Ich bekam Panik.

»Hast du das gesehen?«, schrie ich. »Es greift an.«

»Tst«, sagte Alex.

Später blieb Alex auf einmal stehen. Ich blickte auf und sah, dass wir auf einer Anhöhe waren. Wir blickten auf ein hügeliges, raues Tal. In der Ferne schimmerte der Wald, durch den wir mit dem Zug gekommen waren. Weit dahinter ragte eine hohe Gebirgskette heraus. Alles schien unberührt – keine bestellten Felder, keine grasenden Tierherden, keine Strommasten oder Zäune.

Leichter Wind wehte, und am Himmel zeigten sich einzelne, fast unbewegliche Wolken, als würden sie seit Bestehen der Erde wie Wächter geduldig auf diese Landschaft achtgeben.

Wir gingen durch das Tal, eine, zwei oder drei Stunden, ohne Ziel und Zeitgefühl, ein Tal ohne Funksignale, ohne Netz und ohne Aufregung. Irgendwann mussten wir umkehren oder uns orientieren, das wussten wir, aber wir sprachen nicht darüber. Ich bereute nicht einmal, dass ich keine Kamera dabeihatte. Die Demut, die ich bei der Wanderung empfand, hätte ich ohnehin nicht einfangen können.

Wenn ich heute in Urlaub fahre, dann plane ich fast penibel, welche Sehenswürdigkeiten ich in meinem Tagesablauf unterbringen kann, und selbst wenn ich eine Wanderung plane, weiß ich ungefähr, wie lange ich dafür brauchen werde. Aus Blogs kenne ich die besten Fotomotive auf der Strecke und per Google Earth schaue ich mir vorab die Gegend von oben an, damit keine allzu schlimmen Überraschungen auf mich warten. Ich drucke mir Fahrpläne für Züge und Busse aus, damit ich nach der Wanderung rasch zu dem Restaurant komme, das im Bewertungsportal Foursquare gut abgeschnitten hat. Die Inneneinrichtung kenne ich von den Fotos, ebenso die Gerichte, die ich mir bestellen kann. Alles, was andere schön finden, möchte ich mir ansehen.

Alex und ich gingen weiter. Unsere Familien, unsere Freunde, sie waren so unendlich weit weg. Wir hatten das letzte Mal Tage vor der Abreise mit ihnen gesprochen. Das nächste Mal würden sie von uns hören, wenn wir nach

Hause kamen. Urlaub bedeutete nicht nur, unterwegs zu sein, sondern vor allem außer Reichweite zu sein.

In Zukunft ist rund um den Erdball Konnektivität vorhanden. Es wird keinen Ort der netzfreien Abgeschiedenheit geben. Der Internetkonzern Alphabet, zu dem Google gehört, investiert rund zwei bis drei Milliarden Dollar in eine Flotte von 180 Satelliten, die das Internetsignal vom Himmel herab über dem Planeten verteilen. Auch Ballons und von Solarkraft angetriebene Drohnen bringen dann das Breitband-Internet an die entlegensten Orte.

Das Gefühl, verloren zu sein, gibt es dann nicht mehr. Die physikalische Welt wird mit dem Internet verschmelzen. Damit schaffen wir den Sinn für das »Weg sein« ab. Es ist klar, dass wir unsere Geräte selbst in die wildesten Wälder mitnehmen. Wir haben nicht die Disziplin, sie ausgeschaltet zu lassen – vielleicht sind wir zu ängstlich. Es könnte viel passieren oder noch schlimmer: Wir könnten viel verpassen.

Besonders bedrückend wird das in Gegenden wie jener sein, in der Alex und ich damals unterwegs waren. Schon eine harmlose Textnachricht reicht, um ihre Stille zu stören. Sara Maitland schreibt in ihrem Buch *How to Be Alone:* »Für viele Menschen durchbrechen natürliche Geräusche wie Wind oder laufendes Wasser nicht die Stille der Natur, doch Gespräche tun es.« Sprache, egal ob gesprochen oder geschrieben, zerstört das Gefühl des Wegseins. Viele Menschen erleben es nicht mehr. Sie sind nicht mehr in der Lage, es auszuhalten.

Doch es gibt noch einen anderen Verlust, der mit der

Omnipräsenz des Netzes verbunden ist. Der Umweltaktivist Edward Abbey schrieb: »Die Wildnis sollte aus politischen Gründen bewahrt werden: Wir brauchen vielleicht eines Tages einen Rückzugsort – fern von exzessiver Industrialisierung und fern von möglicherweise autoritären Regierungen. Grand Canyon, Big Ned, Yellowstone oder die High Sierras sollten bewahrt werden als Basis für Guerillakriege gegen Tyrannei.« Abbey starb 1989, vor dem Siegeszug des Internets. Damals klang seine Forderung nach Paranoia. In Zeiten von staatlicher Überwachung und Terrorismus kommt es uns nicht mehr weltfremd vor.

Alex und ich fanden nach einiger Zeit zurück in die Zivilisation und näherten uns einem Gehöft. Dort hörte ich Hunde, die sich gegenseitig zerfleischten, so klang es jedenfalls. Meine Ruhe war wie weggeflogen. Ich hielt Alex am Arm fest.

»Da wollen wir nicht durch«, flüsterte ich.

»Das sind Hunde«, sagte er, als müsste mich das beruhigen.

Das Bellen wurde lauter, und plötzlich hörte es sich an, als würden die Tiere ein Holztor zerkleinern.

»Hier geht's lang«, sagte ich und zeigte auf ein Feld neben dem Weg. Wir kletterten über einen Zaun und gingen querfeldein, wobei ich darauf achtete, nichts zu zertreten, während Alex rücksichtslos durchstampfte.

Ein Mann kam in einem Traktor angefahren. Dahinter tauchten zwei Hunde auf, die uns witterten und verfolgten.

»Lauf«, schrie ich. Alex zuckte zusammen, und wir

rannten los. Alex hob beim Rennen etwas auf und warf es hinter sich. Er hoffte, die Hunde würden auf »Stöckchen holen« reinfallen.

Als wir einen steilen Abhang erreichten und hochkletterten, schlug ich mit dem Schienbein gegen einen aus der Erde herausragenden Stein. Es blutete durch die Jeans, und als wir oben waren, drehte ich mich um und starrte die Hunde böse an. Sie umkreisten sich und machten sich anscheinend gegenseitig Vorwürfe nach dem Motto, wärst du mir aus dem Weg gegangen, hätten wir sie erwischt.

Oben folgten wir einer schmalen Straße, die leicht ansteigend zu einem Gebäude führte, das größtenteils hinter Bäumen versteckt war. Wir öffneten ein verrostetes Eisentor und gingen einen schmalen, völlig überwachsenen Pfad entlang. Schließlich sahen wir ein Schild: Solar do Vinho do Douro.

Wir traten in das Lokal ein und blickten auf breite, braune Sofas vor alten Holztischen mit Laternen. Die Sofas waren von Palmen umringt und an der Wand standen auf Regalen Modelle von den Schiffen portugiesischer Seefahrer: Vasco da Gama, Heinrich der Seefahrer, Magellan. Im Hintergrund lief die zärtliche Gitarrenmusik von Heitor Villa-Lobos.

Ana kam strahlend auf uns zugelaufen und umarmte uns. Dann sah sie meine blutige Hose und half mir, die Wunde zu versorgen. Anschließend lotste sie uns zu einem Platz, von dem aus wir durch ein breites Fenster über den Wald bis auf das ferne Flusstal des Douro blicken konnten, das links und rechts von leuchtenden Weinreben umgeben war. Ein rötlich schimmerndes Boot tuckerte den Fluss entlang. Die Bootsbrücke war ein in den Farben der portugiesischen Flagge bemalter Holzturm.

Auf dem Sofa liegend tranken wir erschöpft Portwein und aßen Erdnüsse und Salzstangen, und allmählich überfiel uns dabei dieses seltsame Gefühl, das man empfindet, wenn alles genau richtig ist; wenn man an keinem anderen Ort der Welt sein möchte.

Reisen sind etwas Geistiges, eine innere Reise in uns selbst. Die Philosophen der britischen »School of Life« sagen, dass jede Reise eine solche Qualität habe. Es gibt Orte, die einem bei Schüchternheit helfen, andere bei Angst, manche Orte nehmen uns den Egoismus, andere helfen, klar über die Zukunft nachzudenken.

Es war später Nachmittag, als wir gekommen waren, und es wurde schnell früher Abend. Und als sich das Lokal nach und nach füllte, trat er ein, der Traktormann, der aus der Nähe jung aussah, nicht viel älter als ich, und wie es die Art vieler Portugiesen ist, kam er zu uns an den Tisch und brüllte uns etwas zu, das sich wie »Vollidioten« anhörte, aber ich wusste ein wenig über die Mentalität dieser Menschen Bescheid und interpretierte nicht voreilig Sätze, die ich nicht verstand. Also erklärte ich in meinem langsamen Portugiesisch, dass ich kein Wort verstanden hätte, weil meine Sprachkenntnisse »muito mal« seien, und so wiederholte er im gleichen scheinbar grimmigen Tonfall, aber deutlich langsamer: Es tue ihm leid, und er hoffe, dass uns seine Hunde nicht erschreckt hätten, er hätte sie zurückgerufen, aber sie rannten immer Leuten hinterher, weil sie spielen wollten. Er gab uns einen Portwein aus, den er für besonders schmackhaft hielt und empfahl uns zu bleiben, bis die Musik begann.

Wir blieben, und tatsächlich erschien ein Musiker mit einer portugiesischen Gitarre und setzte sich auf einen Stuhl, der neben unserem Sofa an der Wand stand. Er stimmte sein Instrument. Und schließlich kam Ana aus der Küche, stellte sich neben den Gitarristen, sang einen traurigen Fado und streckte die Arme in tragischen Gesten von sich, aber es machte uns nicht schwermütig, ganz im Gegenteil. Wir waren am Ziel – einem Ziel, das auf keinem Plan gestanden hatte.

Nein, BÜCHER
vibrieren nicht

Es war kurz vor Weihnachten und ich saß auf dem grünen Cordsessel, den Johannes in seiner Buchhandlung aufgestellt hatte, vor einer Säule mitten im Raum, der schmal und lang wie ein Schiffsdeck war. Links und rechts waren die Regale bis unter die Decke mit Büchern gefüllt. Es gab einen zweiten Sessel hinten im Laden, außerdem zwei Tische mit wechselnden Themenschwerpunkten, an diesem Tag Bücher von Nobelpreisträgern und Märchenadaptionen.

Ich war auf der Suche nach einem Tipp für ein Buch, das ich Isa schenken wollte. Johannes Buchhandlung war in der Stadt, in der ich meinen Zivildienst leistete, weshalb ich nach der Arbeit bei ihm vorbeischaute und ihn um Rat fragte.

»Wie wäre es mit *Die Wellen* von Virginia Woolf?«, sagte er. »Das liest du gerade, nicht wahr? Viele Menschen haben eine Abneigung dagegen, Klassiker der Moderne zu verschenken. Wahrscheinlich denken sie, die Leute kennen das Buch oder sie haben keine Lust auf ältere Werke. Ich schenke Freunden deshalb oft zwei Bücher, einen Klassiker und einen zeitgenössischen Roman, und das regt meine Freunde manchmal sogar an, über die Gemeinsamkeiten nachzudenken. Das wäre doch auch eine gute Geschenkidee für deine Freundin? *Die Wellen* kannst du mit so gut wie jedem Buch kombinieren.«

»So spricht ein Buchhändler«, sagte ich nur.

»Probier es aus«, sagte Johannes und lehnte sich in seinem Schreibtischstuhl zurück. Er hatte auf der Mitte der Stirn ein kleines, verlorenes Haarbüschel, sodass sein rötliches Gesicht wie ein gemaltes Herz aussah. Außerdem hatte er eine Vorliebe für Brillen mit dickem Gestell und für karminrote Pullover.

Die Idee war nicht schlecht. Mir gefiel *Die Wellen* von Virginia Woolf. Sie schrieb den Roman in einem Stil, der die Bewegungen echter Wellen nachahmte. Es gibt wenige Schriftsteller, die diese Art des Schreibens beherrschten, ohne einem damit auf die Nerven zu gehen. Manch ein experimentell geschriebenes Buch ahmte bei mir zu Hause die Bewegungen von Wirbelstürmen nach, aber nur weil ich es im Zorn gegen die Wand schmetterte.

Das letzte Mal, dass ich mich beim Lesen der Natur nahe fühlte, las ich Thomas Hardy: Wie der Schnee durch einen Spalt im Fensterflügel hereinwehte und an der inneren Scheibe einen weißen Kegel von feinstem Pulver häufte. Mir wurde kalt, ich fühlte mich durchnässt und starrte ängstlich vom Buch auf mein Fenster, ob es von Schneestürmen zerstoben wurde, obwohl das höchste, was mein Fenster hätte zerstieben können, unser Nachbar war, der gerne von seinem Balkon aus mit dem Luftgewehr auf die Tauben unter unserer Dachrinne schoss.

Forscher haben untersucht, was bildliche Wörter in unserem Gehirn auslösen. Der Gehirnbereich, der zum Beispiel bei der Wahrnehmung von Gerüchen aktiv ist, ist auch aktiv, wenn wir »Parfüm« oder »Kaffee« lesen. Lesen wir »ledrige Hände«, wird der somatosensorische Kortex aktiv, der den Tastsinn verarbeitet. Anscheinend spürt das Gehirn Texturen, wenn wir sie uns vorstellen. Sätze wie »Sie fängt den Ball« regen den motorischen Kortex an, der unsere Körperbewegung koordiniert. Das Lesen einer Geschichte ist ihrem Erleben demnach nicht unähnlich.

Eine Kundin trat in die Buchhandlung ein und fragte Johannes, ob er ein Buch von Max Frisch dahabe, der sei vor ein paar Tagen gestorben, und sie schämte sich ein wenig, dass sie noch nichts von ihm gelesen habe. »Ich wurde schon zweimal von Bekannten gefragt«, sagte sie zerknirscht.

»Da empfehle ich Ihnen *Mein Name sei Gantenbein*«, sagte Johannes prompt. Ohne die Reaktion der Kundin abzuwarten, eilte er los und als er zurückkam, brachte er noch ein Buch mit dem Titel *Ein Mann mit vielen Namen* mit. »Haben Sie von Graham Greene auch noch nichts gelesen? Der ist einen Tag vor Max Frisch gestorben und übrigens ebenfalls in der Schweiz.«

Manche Leser kauften gerne Bücher von Autoren, die gerade gestorben waren, als wäre der Tod ein Zeichen für die literarische Qualität. Dabei ist der Tod nicht bekannt für strenge Auswahlkriterien.

Johannes legte die Bücher sanft nebeneinander auf der Theke ab, als wären es feine Pralinen. Mit seiner Baritonstimme erzählte er der Frau, worum es in dem Greene-Buch ging, und er zog wagemutige Parallelen zum *Gantenbein,* so als gehörten die Bücher zusammen, als wären sie zweieiige Zwillinge.

Die Kundin beließ es beim *Gantenbein* und während Johannes kassierte, schaute ich mir die Bücher an, die er auf einem kleinen Glastisch neben dem Sessel gestapelt hatte. Obenauf lag Douglas Couplands *Generation X – Geschichten für eine immer schneller werdende Kultur.* Mir gefielen die Überschriften der Kapitel: *Die Sonne ist dein Feind, Unsere Eltern hatten mehr* und *Auch Neuseeland wird verstrahlt.* Als ich die erste Seite zu lesen begann, vergaß ich sofort, dass ich in der Buchhandlung saß.

Früher habe ich Bücher überall gelesen: Im Wohnzimmer, im Bett, in der Wanne, auf dem Balkon, an der Bushaltestelle, im Bus oder während der zwei Stunden im Arztwartezimmer, in den 45 Minuten im Sprechzimmer und in den 75 Minuten im Wartezimmer, während ich auf das Rezept wartete. Manchmal las ich, während ich mit Menschen telefonierte, die sich selbst gerne beim Reden zuhörten. Mein Gehirn war so versiert, dass ich einen Abschiedsgruß erwidern konnte, ohne das Lesen zu unterbrechen. Ich merkte erst beim Kapitelende, dass es aus dem Hörer tutete. Alles was ich brauchte, war ein halbwegs interessantes Buch, und mein Gehirn war umgehend in einem Lesemodus.

Seitdem ich im Netz surfe, ist mein Gehirn permanent in einer Art Disneylandmodus. Ich lese nur noch in den Zwangspausen, die mir die Technik auferlegt: Funklöcher bei der Bahnfahrt, leere Akkus oder während ich darauf warte, dass mein Chrome-Browser alle 18 Tabs geladen hat, die ich beim morgendlichen Surfen ansammle und mir sowieso nicht ansehe, weil mir noch etwas einfällt, was ich im Netz machen will. Während ich es früher hasste, das Lesen zu unterbrechen, weil ich wissen wollte, wie die Geschichte weitergeht, ist es heute umgekehrt: Wenn ich lese, geht die digitale Welt weiter, und zwar ohne mich. Im Netz machen mitunter Aufreger die Runde, über die ich mich mit aufregen muss.

»*Generation X* könnte deiner Freundin ebenfalls gefallen«, sagte Johannes, der plötzlich neben mir stand. Ich hatte gar nicht bemerkt, dass die Kundin gegangen war. »Kritiker vergleichen Coupland mit Salinger und Kerouac, aber als ich das Buch gelesen habe, fühlte ich mich eher wie bei Iris Murdoch – trüb, aber auf angenehme Art und Weise.«

Empfehlungen von Menschen, denen ich vertraute, waren mir immer wichtig beim Kauf von Büchern – neben den Buchkritiken in Zeitungen und dem *Literarischen Quartett* im Fernsehen. Und wenn ich ein empfohlenes Buch angefangen hatte, war ich gewillt, es zu Ende zu lesen. Heute häufen sich die Fälle, in denen ich nach der Lektüre der ersten Seiten eines blöden Buchs im Netz prüfe, ob das Buch besser wird oder blöd bleibt. Erstaunlicherweise finde ich immer Leser, die es so blöd finden wie ich, insbesondere wenn ich bei Google den

Titel in Kombination mit dem Wort »blöd« eingebe. Das hilft, die Lektüre ohne schlechtes Gewissen abzubrechen.

Allerdings fällt es mir schwer, mich nach den Ausflügen ins Netz wieder auf die Bücher zu konzentrieren. Mit dem Lesen eines Buchs hat das Netz so viel gemein wie Yoga mit LSD. Im Netz lese ich eigentlich nichts, ich sauge Wörter und Sätze eher ein wie ein Elefant mit dem Rüssel Wasser – nicht um es zu trinken, sondern um es in hohem Bogen wieder auszuspucken. Nervös klicke ich weiter und weiter und weiter. Einem Text gebe ich ein paar Sekunden, es gibt ja auch Bilder, Links, Videos, Animationen, Musik, Interaktionen. Ich suche, lese, schreibe, klicke, höre, gucke, scrolle – und erinnere mich dann hinterher nicht, was ich stundenlang gemacht habe.

Das Netzverhalten übertrage ich dann auf Romane. Ich blätterte vor und zurück, um den Inhalt zu erfassen. Ich starte drei oder vier Bücher gleichzeitig, und sobald ich ein Kapitel in dem einen Buch gelesen habe, werde ich nervös und wechsele in das Kapitel eines anderen.

Im Internet ist das Wechseln, Filtern und Scrollen überlebenswichtig, sonst würde das Gehirn an der Informationsflut zugrunde gehen. In dem Science-Fiction-Roman *Die schwarze Wolke* von Fred Hoyle wird die Erde von einer außerirdischen Lebensform heimgesucht. Sie versucht, ihr immenses Wissen über den Kosmos mittels Signalübertragung in das Gehirn eines menschlichen Forschers zu übertragen. Aber sein Gehirn ist derart überlastet, dass der Mann unter großen

Qualen stirbt. Manchmal muss ich an diese Szene denken, wenn ich mich nach längeren Ausflügen ins Netz so fühle, als hätte ich zwei Stunden einem Blinker beim Blinken zugeschaut.

Maryanne Wolf, Neurologin und Leseforscherin an der Tufts Universität bei Boston, fürchtet, dass das flüchtige Lesen im Internet die tiefe Informationsverarbeitung behindert. Die ständigen Stimuli unterbrechen den Übergang der vom Gehirn aufgenommenen Informationen aus der sensorischen Wahrnehmung in das Arbeitsgedächtnis und von dort in das Langzeitgedächtnis.

Die frühen Technikutopisten glaubten, dass das Internet der Ort sein werde, an dem wir in Zukunft unser Leben verbringen werden. Aber das Internet hilft mir nicht, mein Leben zu verstehen. Es ist zu flach, zu oberflächlich. Das liegt nicht in der Natur des Netzes, sondern an der dahintersteckenden Ökonomie.

Im Netz fließt Geld, weil mich der Aufenthalt darin nicht befriedigt. Das Netz ist wie ein Kunstmuseum, bei dem ich nicht für die gesamte Ausstellung Eintritt bezahle, sondern für jedes einzelne Werk. Es liegt daher im Interesse der Kuratoren, dass ich mich nicht lange mit einzelnen Werken aufhalte, sondern so viele wie möglich in so kurzer Zeit wie möglich konsumiere – also viel herumklicke. Einige Internetfirmen beschäftigen Neurologen, die genau wissen, wie Seiten aufgebaut sein müssen, damit wir uns möglichst schnell durch alles durchklicken und nicht mehr damit aufhören können.

Zadie Smith schreibt in ihrem Essay *Generation warum?,* je mehr Zeit sie mit der Generation Facebook verbringe, desto mehr sei sie davon überzeugt, dass die Software, die diese Generation forme, ihrer nicht wert sei. Die Generation habe etwas Besseres verdient als ihre Software.

Vielleicht etwas, das uns hilft, ein besseres Leben zu führen.

Die Fähigkeit, Menschen zu verstehen – ihre Sehnsüchte, ihren Frust, ihre versteckten Motive – bezeichnen Psychologen als »Theory of Mind«. Studien haben gezeigt: Je mehr Geschichten Kinder lesen, desto stärker ist diese Fähigkeit bei ihnen ausgeprägt. So wie Meteorologen eine Computersimulation nutzen, um die komplexen Vorgänge des Klimas zu verstehen, helfen Romane, Geschichten und Dramen, die Komplexität des Lebens zu verstehen.

»In der realen Welt leidet jeder für sich allein; echte Empathie ist nicht möglich«, sagte David Foster Wallace 1993 in einem Interview. »Aber wenn ein Stück Literatur es uns ermöglicht, uns imaginativ mit dem Schmerz einer Figur zu identifizieren, können wir uns auch besser vorstellen, dass andere sich mit unserem identifizieren. Das ist wohltuend und heilend; wir fühlen uns innerlich weniger allein.«

Im Netz fühle ich mich innerlich oft allein, obwohl viele Leute da sind.

Und trotzdem nutze ich häufig Online-Communities wie Goodrads oder Lovelybooks, um neue Bücher zu entdecken. Ich vertraue der Meinung der Leser – sie schreiben verständlicher als die kringeligen Feuilletonautoren.

Helmut Böttiger schrieb zum Beispiel in der ZEIT in einer Kritik über den Science-Fiction-Roman *42* von Thomas Lehr: »Die Sprache entwickelt ein Eigenleben und die traumhaften Sequenzen, die poetischen Verdichtungen überführen die biografischen und zeitgeschichtlichen Konstellationen in eine Vielschichtigkeit, die das scheinbar Eindeutige neu lesbar macht.«

Bei amazon schrieb ein Rezensent über das gleiche Buch: »Man soll ja mit Superlativen immer vorsichtig umgehen, aber eins kann ich mit Sicherheit sagen: Wenn es vielleicht auch nicht DAS schlechteste Buch ist, das ich je tapfer bis zur letzten Seite durchlitten habe, so doch auf jeden Fall eines DER schlechtesten.«

Während Böttiger Passagen auffielen, die psychische Extremzustände kongenial in sprachliche Bilder übersetzten, immer jedoch mit langem Atem und verschlungenen Sätzen, schrieb ein amazon-Rezensent zu dem Buch, er habe die letzten 150 Seiten nur noch querlesen können und es bei Verlassen des Flugzeugs in den nächsten Mülleimer fallen lassen.

Kritiker und Buchkäufer sind nicht dasselbe, das waren sie nie. Kritiker schreiben für Zeitungen und Zeitschriften, Buchkäufer für amazon, Facebook, Lovelybooks, oder in Blogs wie Literaturcafé, Schöneseiten und Buzzaldrins Bücher.

Das Wort Kritik hat seinen Ursprung im Griechischen, und es bedeutet »zu trennen«. Eine zentrale Funktion der Kritik sei es, das Gute vom Schlechten zu trennen, das Original vom Derivat, das Wichtige vom Trivialen, schreibt der amerikanische Literaturkritiker Adam

Kirsch. Jemand sei ein Kritiker, wenn er sich selbst und seine Reaktion auf ein Werk infrage stelle – sich frage, warum er sich so fühle, wie er sich fühle. Er müsse die Fähigkeit mitbringen, diese Fragen zu formulieren und sich auszudrücken; er müsse gut schreiben können.

Aber das heutige Problem sind nicht Leser, die sich ernsthaft Gedanken über ein Buch machen und diese aufschreiben, sondern Leute, die ein Buch überhaupt nicht lesen und es trotzdem abwerten, weil ihnen die Inhaltsangabe oder das Cover nicht zusagen.

Die Amerikanerin Lauren Howard wollte ihren Debütroman *Learning to Love* als E-Book veröffentlichen, aber ein paar Leute aus der Goodreads-Community waren aus unerfindlichen Gründen dagegen. Howards Buch konnte noch nicht gelesen werden, aber die »Leser« gaben ihm schlechte Bewertungen. Lauren fragte in den Foren von Goodreads, wie ungelesene Bücher schlecht abschneiden könnten. Sie erfuhr, dass einige Leute auch bewerten, um ihr Interesse an einem Buch anzukündigen – oder ihr Desinteresse.

Laurens Frage reizte diese Nutzer so sehr, dass sie das Buch erst recht schlecht bewerteten. Sie steckten es auf eine Liste der Bücher von Autoren, die »im Gefängnis vergewaltigt werden sollten«.

Themenlisten sind auf Goodreads sehr beliebt, und die meisten sind nicht bösartig, sondern hilfreich, wenn es darum geht, neue Bücher zu entdecken. Es gibt zum Beispiel die Liste »Dude, Where's My Forehead?« über die besten Bücher, auf deren Cover der obere Teil des Kopfes fehlt. Zudem entdeckte ich eine Liste mit Werken über Menschen, die gefressen werden. Eine weitere Liste ist Büchern gewidmet, in deren Titel ein Synonym für das männliche Geschlechtsteil vorkommt. Spitzenreiter ist *Tall Tales with Short Cocks Vol. 3*.

Als ich Johannes' Laden nach Weihnachten erneut betrat und mich in den Sessel fallen ließ, legte er mir das Buch *Manhattan Transfer* auf den Tisch. Also stieg ich auch in diesen Roman ein und las eine Geschichte über einen Journalisten, der durch das New York der Zwanzigerjahre streifte, dabei die zunehmenden sozialen Spannungen und den aufkommenden Konsumismus spürte, aber als einziger Protagonist nicht davon zerrieben wurde. Mir gefiel, wie er die Veränderungen aufsog und die Kraft besaß, ihnen zu widerstehen. Am Ende verließ er die Metropole, ohne darüber traurig zu sein. Genau wie dieser Journalist wollte ich sein.

Wir müssen uns nicht radikal vom Internet abnabeln, um uns freier zu fühlen. Die Leseforscherin Maryanne Wolf schlägt vor, dass wir uns stattdessen bilaterale Fähigkeiten antrainieren. Wir können das, was wir im Netz lieben, nutzen, aber wir sollten uns bewusst wieder angewöhnen, uns auf komplexe Literatur einzulassen. Bücher, die uns fordern und befriedigen, sofern wir sie meistern, und uns Weisheit schenken. Das erfordere Training, Disziplin und Geduld, aber zu viel ginge verloren, wenn es uns nicht gelänge.

Schwierige Bücher bestehen bei mir heute gegen das Netz, seitdem ich das Lesen wieder als eine Form von Meditation betrachte. Autoren, die tief in die Seele des Menschen eindringen und dabei beim Schreiben eigene

Schmerzen in Kauf nehmen, schaffen keine Literatur, die wir nebenbei lesen können wie Whatsapp-Kurznachrichten. Wir müssen uns Räume für diese Werke schaffen.

Isa schenkte ich übrigens *Generation X* und *Die Wellen*. Sie erzählte nie, ob sie die Bücher gelesen hatte, und ich traute mich nicht, nachzufragen. Einige Monate später schenkte sie mir aber zum Geburtstag ein Gemälde, ein Porträt von Virginia Woolf. Sie sitzt an einem Tisch. Ihre Stirn liegt in Falten, während sie etwas aufschreibt. Hinter ihr ist Schwärze, nur ihr Gesicht und die Schreibutensilien sind hell – als gäbe es nichts auf der Welt außer ihr, dem Stift und dem Papier.

Gott, wie war
das LANGWEILIG!

»Wer spielt, läuft nicht bei Rot über die Ampel«, sagt Sandro Engel. Er ist Erfinder des Spiels Street-Pong. Es läuft auf einem Touchscreen an Fußgängerampeln, fordert Fußgänger zum Duell auf. Man tritt gegen jemanden auf der anderen Straßenseite an und muss einen Ball treffen, der von rechts nach links fliegt, wie beim Tennis. Sobald die Ampel grün ist, endet das Spiel.

An den Ampeln, an denen das Spiel installiert ist, gehen weniger Leute bei Rot über die Straße, heißt es in einem Artikel der Westdeutschen Allgemeinen Zeitung. So kurzweilig ist Wartezeit noch nie gewesen, heißt es auch, und da merken Sie schon: Street-Pong ist keine Installation für mehr Verkehrssicherheit, sondern für mehr Kurzweile.

Die Technikindustrie hat sich nämlich den Idealen verschrieben, die Welt sozialer zu machen, den Alltag einfacher und weniger langweilig. Das bunte Internet führt uns jeden Tag vor Augen, wie langweilig die nicht virtuelle Welt geworden ist. In der Warteschlange im

Supermarkt, in Wartezimmern, im Bus, in der Bahn, im Stau, am Strand, beim Essen und Joggen, und auf dem Klo – alles öde Ort. Es gibt noch reichlich Potenzial für Kurzweile.

Mit Smartphones füllen wir bald sämtliche Langeweilelücken in unserem Alltag, auch die, die wir gar nicht füllen müssen. Vorbei sind die Zeiten, als wir im Gras lagen, nichts redeten und nichts dachten, die Sternbilder bewunderten, dem Sonnenuntergang am Meer beiwohnten, dem Wasser dabei zusahen, wie es Steine umläuft oder die Bienen beobachteten, wie sie ihre Blumen umgarnen.

Als junge Erwachsene war uns das Gras auf der Wiese nicht ausreichend, deshalb buchten wir uns ein Hotelzimmer in Düsseldorf, um von dort aus einen Tagesausflug nach Eindhoven zu unternehmen, wo es eine andere Art von Gras zu kaufen gab.

Ich war mit Alex, Isa und Marco unterwegs, in einem Renault Clio. Clio ist eine der neun Musen in der griechischen Mythologie – die Muse der Heldendichtung, Geschichtsschreibung und manchmal auch des Leierspiels. Unsere Clio hatte Beulen und Kratzer, und sie machte Geräusche, die mehr nach sterbender elektrischer Gitarre als nach Leier klangen, und innen stank sie nach verschütteten Getränken, sie war schließlich Marcos Muse.

Wir fuhren in Richtung Grenze und hörten unsere eigene Vorstellung von Graswurzelmusik, zum Beispiel Can, Velvet Underground und Siouxsie and the Banshees. Einen Stadtplan hatten wir nicht. »Verlassen wir uns auf die Nase«, sagte Marco gut gelaunt.

Wir fanden in Eindhoven ein Parkhaus am Rande der Fußgängerzone. Als wir durch die Straßen schlenderten, berieten wir uns über das korrekte Verfahren eines Cannabiseinkaufs.

»Wieso?«, sagte Alex. »Das ist nicht anders als Kaffee kaufen.«

»Eher wie Wein«, verbesserte Marco.

»Da«, sagte Isa, die den ersten Coffeshop gewittert hatte. »Wer geht rein?«

»Na, alle«, schlug Alex vor, was ein dummer Vorschlag war. Wir traten nämlich zu viert in den Shop ein und kamen uns vor wie Schüler, die zum Direktor gerufen wurden. Und so standen wir vor der Theke, hinter der ein Mann mit ergrautem Dreitagebart saß und uns geduldig dabei zusah, wie wir uns gegenseitig nach vorne schubsten.

»Deutsche«, dachte er wahrscheinlich. »Anfänger.«

»Do you speak German?«, fragte Marco.

»Ein bisschen«, sagte der Mann und fing an, ein Weinglas zu wienern. Er war es gewöhnt, dass deutsche Anfänger herumdrucksten, bevor sie zur Sache kamen, so wie beim Kondomekaufen.

Wir taten so, als würden wir die Karte studieren, die neben dem Mann aufgehängt war. Dort stand, »Pre-rolled Joints« seien im Angebot.

Bevor es zu peinlich wurde, sagte Marco: »Wir hätten gerne some of these« und zeigte auf die Pre-rolled Joints-Schrift. Im Grunde genommen war nichts Peinliches daran, auf seriöse Weise ein paar Gramm Cannabis zu erwerben. Schon Antonius der Große, einer der ersten bekannten Einsiedler und ein tief religiöser Mann, hatte in seiner Wüstenheimat von Visionen berichtet, die so bizarr waren, dass wir davon ausgehen müssen, dass der Mann alles Mögliche quer durcheinandergeraucht hatte. Warum nicht wir, wenn es große Kirchenmänner taten?

»Pre-rolled Joints?«, fragte der Mann, und wir nickten alle. Jeder kaufte fünf Stück.

Wir traten erleichtert in die Fußgängerzone ein. »Jup«, sagte Alex und hielt seinen Rucksack unterm Arm fest. Er hatte keine Angst vor Diebstahl, eher vor Pfändung durch Polizeikontrolle, was absurd war, schließlich war es legal. Ein wenig schämten wir uns für unser Alter – wir waren volljährig, aber weit davon entfernt, uns nicht wie Schüler aufzuführen, die in der Mathearbeit abgeguckt hatten.

Mit den Joints in der Tasche und nach einigen Schritten, bei denen wir merkten, dass uns alle anderen Menschen ignorierten, wurden wir sicherer. Wir kamen uns nun wie Charles Baudelaire vor, der zur Jahrhundertwende stoned durch Paris geschlendert war, sich Flaneur nannte und dem Müßiggang etwas Mystisches verpasste. Es hätte nicht viel gefehlt und wir hätten angefangen, Lieder über böse Blumen zu singen.

Müßiggang ist seit Baudelaire kein Laster mehr, aber wir müssen zwischen Langeweile und Müßiggang unterscheiden. Langeweile ist langweilig. Müßiggang ist ein genießerisches Nichtstun, ein Abschalten, ein Dahintrotten der Gedankengänge. »Der verständige Müßiggänger lehnt es ab, sich mit Betriebsamkeit zu betäuben, da er es durchaus bei sich selbst aushält«, schrieb Siegfried Lenz.

Das Schwierige ist heute, beim Streben nach dem Nichtstun nicht zu verkrampfen, begierig E-Books über das Nichtstun zu lesen, sich Nichtstun-Apps auf das Smartphone zu laden und stundenlang einer virtuellen Lavalampe zuzuschauen, oder an Orte zu fahren, die Reisejournalisten empfohlen haben, weil sie dort ihre Seele baumeln lassen konnten, so als hätten sie die Seele mit einem Seil an einem Baum hingerichtet.

Nichtstun ist die Abwesenheit des Tuns. Um nichts zu tun, sollten wir das Tun sein lassen.

Wir kehrten zurück zu Clio, der Muse aller Heldendichter, öffneten ihre Türen, setzten uns auf unsere Plätze, ich hinten neben Alex, Isa vorne und Marco daneben am Steuer. »Noch 40 Minuten«, sagte er und meinte die verbliebene Parkzeit. »Das reicht«, ergänzte er und packte seinen ersten Joint aus. »Es wäre armselig, wären wir nach Holland gefahren und hätten nicht im Land den ersten Joint geraucht.«

Die Niederlande, das waren freilich nicht nur Joints, das waren Windmühlen und Grachten, Holzschuhe und Käse, Ijsselmeer und Schiermonnikoog. An solche Dinge dachte ich, als ich mein Rauchwerk auspackte und aufblickte, auf die von Abgasen geschwärzte Parkhauswand vor uns. Das hier war nicht Holland, es war ein staatenloser, seelenloser Bunker.

»Was ist, wenn wir an der Grenze erwischt werden, weil wir Kurven fahren?«, fragte Alex. Die Bilder von dem Bunker wurden in meinem Kopf durch Szenen aus dem Film *Midnight Express* ersetzt, in dem ein Haschschmuggler in Istanbul zu 30 Jahren Haft verurteilt und im Gefängnis schwer misshandelt wurde. Dabei wussten wir nicht einmal, wie sich das Einnebeln des Gehirns auf die Fahrfähigkeit auswirken würde.

»Wenn wir hier einen Joint rauchen, können wir in Deutschland immerhin nur noch wegen vier Joints verhaftet werden«, sagte ich mit einer Logik, die schwer zu widerlegen war. »Das erspart uns vielleicht ein paar Jahre von den 30.«

Meine Freunde schauten mich alle an, als wüssten sie nicht, wovon ich rede.

»Gut«, sagte Marco. »Entweder wir losen aus, wer nüchtern bleibt oder wir rauchen erst drüben im Hotel.«

Wir beschlossen, drüben zu rauchen. »Wir werden schon nicht erwischt«, sagte ich und alle nickten ein wenig.

So ging es auf die Autobahn über die Grenze, und als wir etwa fünfzehn Kilometer auf der A61 in Richtung Mönchengladbach zurückgelegt hatten, reihte sich bei einer Auffahrt ein grünes Polizeiauto hinter uns in den Verkehr ein.

»Fahr unauffällig«, sagte Alex, und Marco wurde sauer. »Wie soll das gehen?«, rief er laut. »Ich fahre so wie ich immer fahre, also bitte!«

»Nicht zu schnell, nicht zu langsam«, sagte Alex. »Und bloß nicht überholen.«

Und so krochen wir mit etwa 90 Kilometern die Stunde und mit einem Abstand, der jeden Fahrlehrer in

Entzücken versetzt hätte, hinter einem deutschen VW-Bus her. Und hätten die Polizisten die Augen auch nur einen Moment auf uns gerichtet, hätten sie in unserem Rückspiegel vier Augenpaare gesehen, die wiederum unauffällig auf sie, die Polizisten, gerichtet waren. Sie hätten gesehen, dass sich in dem Auto vor ihnen vier Köpfe unauffällig überhaupt nicht bewegten und hätten die Polizisten uns überholt, hätten sie in vier unauffällige Gesichter geblickt, die wie strenge weiße japanische Masken ihrem Schicksal entgegenharrten.

»Ich halt's nicht aus«, sagte Marco nach etwa fünf Kilometern, da die Polizei uns immer noch nicht angehalten hatte. »Entweder ich rase ihnen jetzt davon oder ich fahre an der nächsten Ausfahrt raus.« Ein Schild kündigte bereits eine Raststätte an.

»Mach das nicht«, sagte ich. »Wenn wir anhalten, haben sie uns!«

Aber in dem Moment blinkte das Auto hinter uns und fuhr in Richtung Raststätte, da sich auch Beamte gelegentlich nach längeren Verfolgungsjagden stärken müssen, und Marco steuerte weiter geradeaus.

»Ihr seid solche Hasenfüße«, sagte Alex allen Ernstes, weshalb ich ausholte und ihm so stark wie ich es auf dem engen Rücksitz fertigbrachte, ans Schienbein trat. Er trat zurück und wir hätten die Fäuste fliegen lassen, hätte nicht plötzlich eine Sirene aufgeheult, weshalb wir alle zu Stein erstarrten, zumindest solange, bis ein Rettungswagen in Sichtweite kam. Der Rest der Fahrt verlief verfolgungsfrei.

Aber ich möchte an dieser Stelle betonen: Selbstredend

sind wir nicht echt nach Düsseldorf mit Joints zurückgekehrt, denn wie ich lese, macht sich in Deutschland jeder strafbar, der Betäubungsmittel »unerlaubt anbaut, herstellt, mit ihnen Handel treibt, sie, ohne Handel zu treiben, einführt, ausführt, veräußert, abgibt, sonst in den Verkehr bringt, erwirbt oder sich in sonstiger Weise verschafft«. In Deutschland ist lediglich der Konsum von Marihuana gestattet – man darf den Joint also rauchen, aber weder kaufen noch besitzen. Am besten macht man das, indem man mit Edding draufschreibt: Dieser Joint gehört einem Holländer.

Wir haben gegen keinerlei Gesetze verstoßen. Wir haben nicht die Joints im Hotelzimmer angezündet, sodass wir vor lauter Nebel nicht einmal mehr vom Badezimmer zum Balkonfenster schauen konnten. Schon gar nicht haben wir das Fenster geöffnet, um den ganzen Dunst im Innengarten des Hotels so zu verteilen, dass man später Ornithologen behaupten hörte, in der Nähe von Düsseldorf zwei seltsame Schwalben entdeckt zu haben, die sich für Spechte hielten und ihren Schnabel unaufhörlich gegen eine Betonwand schlugen.

Im leichten Rausch ist Nichtstun zwar recht angenehm, aber ich bezweifle, dass das Gehirn noch Platz hat für die Verarbeitung komplexerer Prozesse als zum Beispiel manisch Luftgitarre zu spielen oder Kopfkissen durch das Zimmer zu schleudern. Gras rauchen macht müßig, aber es baut den Geist eher ab als auf.

Seitdem ich berufstätig bin, weiß ich überhaupt nicht mehr, was Müßiggang ist. Ich wende mich deshalb an Otium, den Verein zur Förderung des Müßiggangs, den ein Mann aus Bremen mit dem Namen Felix Quadflieg im Jahr 1990 gegründet hat, ein Mann, der den Müßiggang noch immer lebt. Sein Verein möchte darauf aufmerksam machen, dass es mehr im Leben gibt als Arbeit. »Das Arbeitsethos ist auch ein Erbe des Protestantismus, der Erfolg, Arbeit und Gottgefälligkeit ungut vermischt hatte«, sagt Quadflieg am Telefon. »Daraus ist eine große Angst gewachsen davor, Arbeit und Wohlstand zu verlieren. Und mit dieser Angst wird Politik gemacht. Die Leute arbeiten heute mehr statt weniger – sie sind von einer Arbeitsverdichtung geplagt und verheddern sich immer mehr. Sie haben keine Zeit mehr, sich zu fragen, was will ich eigentlich, warum mache ich das? Das Internet trägt zu dieser Verdichtung bei, weil zwischen Privatleben und Arbeit keine Grenzen gezogen werden. Das Netz und die Arbeit sind andauernd da, man könnte seine Lebenszeit damit verbringen, ohne Pause; es ist eine Endlosmaschine. Das Internet ist weder gut noch schlecht, aber wir brauchen einen anderen Zugang. Möglich ist das, denn aller Stress und alle Probleme, die wir haben, sind schließlich von uns Menschen gemacht. Das möchten wir mit unserem Verein in Erinnerung bringen.«

Ich frage ihn, ob er nicht Workshops anbieten möchte, um uns Müßiggang zu lehren? Er lacht. »Workshops? Nein, ach, das wäre widersprüchlich. Ich war neulich auf einem Filmfestival in Hannover, da wurde ein Film über Müßiggang gezeigt. Dort wurde auch ein Workshop zu Muße und Müßiggang angeboten. Aber im Ernst: Ein Workshop über Muße? Müßiggang in fünf

Minuten? Das wäre doch absurd. Muße kann man nicht erzwingen, die lacht einen aus.«

Einige Wochen nach unserer Hollandtour fuhren wir in den Süden, an den Bodensee, auf einen Zeltplatz, mitten in der Natur, zwischen Wohnmobilen, Kohlegrills und stinkenden Toilettenhäuschen. Am frühen Abend war es dort recht still. Es sah nach starkem Regen aus und es war Oktober, kein Zeltplatzwetter, denn damals, vor dem Klimawandel, gehörte der Oktober noch zum Herbst.

Wir lauschten den sanften Wellen des nah gelegenen Sees und den Stechmücken, die uns trotz Ganzkörperspray juckende Vulkane auf der Haut hinterließen. Stechmücken gehörten in der Region, in der ich aufwuchs, zu unserem Dasein, zum Zyklus des Lebens, bis sich Jahre später die städtischen Verwaltungen zusammenschlossen und in einem Akt grausamer Barbarei mit Flugzeugen alles auf uns herunterschütteten, was kleine Tiere mit Flügeln ins Jenseits beförderte, die Menschen aber halbwegs am Leben ließ. Seitdem ist die Region arm an Fliegen und vermutlich reich an Allergien.

Damals befreite uns der ansetzende Regen von den fiesen Surrgeräuschen. Unser Grill, den wir aufgestellt hatten, ging schnell aus. Wir zogen uns zurück ins Zelt, ich konnte eingeklemmt zwischen drei anderen Menschen nicht einschlafen, aber ich hielt es nach Henry David Thoreau, der schrieb: »Laßt uns danach streben, bisweilen einen Tag unseres Lebens mit derselben Überlegung zu verbringen wie die Natur, und nicht durch jede Nussschale oder durch einen Mückenflügel, der auf unserm Pfade liegt, aus dem Geleise gebracht zu werden.«

Deshalb übernachtete ich naturnah auf dem Autositz.

Am nächsten Morgen wachten wir auf – ich mit entsetzlichen Rückenschmerzen – und aßen aufgeweichte Brötchen, packten Kekse und Sprudelflaschen in unsere Rucksäcke und marschierten los. Unter grauem Himmel näherten wir uns dem Waldgebiet und folgten einem Pfad, der eine zärtliche Symbiose mit dem See eingegangen war, ihn fast berührte und ihm ab und zu ein wenig Raum zum Atmen ließ, aber nach einer Weile gelangten wir an das traurige Ende von See und Pfad, denn jede Symbiose zerbricht im Leben. Der Pfad ging abseits weiter.

Wir sahen das Wasser durch die Bäume, mal von oben, mal auf beinahe gleicher Höhe. Am Ende erreichten wir den höchsten Punkt der Wanderung. Wir standen vor einem atemraubenden, von Menschen unberührten Panorama, das wir für 50 Pfennig auch durch ein installiertes Fernrohr betrachten konnten. Es gab ein Wirtshaus, aber es war Gott sei Dank geschlossen. Marco hätte ein Schnitzel bestellt und wir hätten von dem aufziehenden Sturm nichts mitbekommen.

Wir ließen uns unterdessen auf der nassen Wiese nieder – wir hatten Plastikregenhosen angezogen, es war kühl; unsere Gesichter waren vom Morgenfrost eingeweicht, Isas schwarze Haare tropften, Alex hatte den Kopf unter die Kapuze geschoben. Ich zog meine ebenfalls enger, um die Ohren abzudecken. Der Wind machte Geräusche wie Pan mit seiner Flöte an Tagen, an denen er besonders zornig war.

Die Bäume weit hinter uns gaben dem Sturm nach, gerade so viel, dass sie nicht umkippten. Die Grashalme zitterten, als wüssten sie nicht wohin mit ihrem Frösteln, und ein menschliches Liebespaar drückte sich zum Schutz an die Wand des Gasthauses, einige Hundert Meter von uns entfernt, aber wir dachten nicht daran, unsere einmal eroberte Wiese so schnell zu verlassen. Wir fühlten uns sicher, obwohl der Wind sich alle Mühe gab, uns in die Höhe zu schleudern.

»Wenn ich mal sterbe, möchte ich auch draußen sein«, sagte Isa plötzlich zu meinem Ohr gebeugt, gerade so laut, dass ich sie noch verstehen konnte. »Am besten im Herbst, wenn alles so lebhaft ist. Wo man mich begräbt, ist mir egal, aber beim Sterben möchte ich es so lebendig haben wie hier.«

Marco hatte zwei Äste im Wald eingesammelt und fing an, sie zu zerlegen. Aus den kleinen Einzelteilen baute er ein Holztipi für Wesen in Heuschreckengröße. Alex half ihm dabei.

»Du denkst zu viel an den Tod«, sagte ich derweil leise.

»Es geht mir gut«, sagte Isa. »Du denkst auch ans Sterben, aber du redest nicht darüber. Wie kannst du das hier sonst gerne haben, ohne daran zu denken, dass irgendwann alles zu Ende ist?«

Ich hielt mein Gesicht in den Sturm, sodass ich das vom Gras aufgetriebene Wasser spürte. Wir kauten auf Keksen herum, erschöpft, ausgelaugt und müde, aber ich fühlte mich ebenfalls gut, ich war wie Isa ein Herbstmensch.

Müßiggang ist vergleichbar mit Meditation, es bedeutet nicht nur, mit sich allein sein zu können, sondern auch, keinen Fragen auszuweichen, alles kommen zu lassen. Als wir auf der Wiese saßen, waren wir diesem Zustand nahe.

Alan Watts erzählte in einem seiner Bücher über fernöstliche Philosophie eine Geschichte von einem Zen-Meister, der seinen Schüler in die Zen-Philosophie einführte. Der Meister fragte seinen Schüler, warum er meditiere. Das Ziel sei, Buddha zu werden, antwortete dieser. Daraufhin nahm der Meister eine Bodenfliese und polierte sie. Das erstaunte den Schüler und er fragte, was der Meister damit bezwecke. Der wiederum erklärte, er poliere die Fliese, bis daraus ein Spiegel werde.

»Wie kannst du eine Fliese zu einem Spiegel polieren?«, fragte der Schüler

»Wie kannst du durch Meditation zu Buddha werden?«, fragte der Meister.

Der dänische Schriftsteller Peter Høeg zieht sich von der Welt zurück, wenn er Bücher schreibt, in die Einsamkeit, ohne Internet und Telefon. Diese Einsamkeit will er nicht nur leben, sondern auch Kindern beibringen, weshalb er eine »Gesellschaft zur Förderung der Lebensklugheit bei Kindern« gegründet hat. Er will mit Kindern meditieren. Das Ziel sei, sie in einer Zeit konstanter Ablenkung sich wieder mit sich selbst vertraut zu machen. »So kann man vielleicht auch mit der eigenen Kreativität in Kontakt kommen«, sagte Høeg in einem Gespräch mit der ZEIT.

Es hilft, sich in die Natur zurückzuziehen, um sich selbst nahe zu sein, aber nötig ist es nicht. Die englische

Schriftstellerin Sara Maitland schreibt in ihrem Buch *How to Be Alone:* Wenn du keine regelmäßige Möglichkeit findest, einsam zu sein, im alltäglichen Leben, dann wirst du das wahrscheinlich selbst verhindern.

Maitland weist auf eine erdrückende Studie hin: Schon 2008 ergab eine Umfrage in Großbritannien, dass 13 Millionen Menschen panische Angst davor haben, keinen Mobilfunkempfang zu haben. Sie verspüren Angstzustände, wenn die Batterie leer geht. Maitland empfiehlt, uns bewusst dem Alleinsein auszusetzen – das nehme uns die Angst davor.

Sie schreibt:

> *Ich lebe in Isolation, in einem Haus, das ich selbst entwarf für dieses einsame Leben – in einer Gegend, in der ich fast nie jemanden sehe. Die Freude der langen Zeit der Einsamkeit steigt durch die Freude auf Gesellschaft. Ich liebe meine Kinder, Freunde und Kollegen wie eh und je, aber ich kann ihnen meine Aufmerksamkeit besser schenken, wenn ich bei ihnen bin. Ich genieße es mehr. Ich mag mich mehr. Ich denke, es gibt mehr an mir, das ich mögen kann.*

»Versprich mir, dass du alt wirst?«, sagte ich, halb im Scherz, zu Isa, die neben mir auf der nassen, stürmigen Wiese saß.

Isa machte etwas ganz Seltenes, sie lachte.

»Ich verspreche es.«

Wir kehrten zurück, durch den Wald, der triefte, durch Matsch, am See entlang. Am Campingplatz hatte jemand ein Lagerfeuer gemacht und als wir kamen, brannte es gut, und wir setzten uns dazu. Den Wind und den Regen hatten wir auf dem Gipfel zurückgelassen, so als hätte uns das Wetter alles gegeben, was es geben konnte.

»Ich könnte jetzt ein Schnitzel essen«, sagte Müßiggänger Marco. Er musste sich mit Grillwürstchen zufriedengeben.

Der weltweite Experte für Mußestunden ist der britische Journalist Tom Hodgkinson, der eine *Anleitung zum Müßiggang* schrieb. Das war vor fast zehn Jahren – damals kannte niemand in Deutschland Facebook, es war ein Netzwerk für amerikanische Schüler und Studierende. Twitter war noch nicht einmal gegründet.

Ich fragte mich, was aus Hodgkinson geworden ist, der mich so zum Müßiggang inspirierte wie kaum ein anderer Autor. Also rief ich ihn an. Wir hatten per E-Mail einen Termin vereinbart, aber er nahm nicht ab. Ich schrieb ihm, und er antwortete, dass er das Telefon suchen müsse. Ein paar Minuten später meldete er sich – es war im Bad versteckt.

Ich wollte von ihm wissen, wie wir im Internetzeitalter müßig sein könnten.

»Ich war nie ein Internet-Hasser«, sagte er. »Ich schrieb eine Kolumne über das Netz, da hieß es noch Information Super Highway. Das Internet war chaotisch und aufregend. Aber es entwickelte sich zum Schlechten, als die großen amerikanischen Firmen alles an sich rissen und zerstörten.«

Aber hilft es ihm nicht, seine Botschaften heute zu verbreiten?

»Jesus verbreitete auch sein Wort ohne Internet«, erklärte er, lachte aber glücklicherweise darüber. »Das Internet erleichtert weniger die Verbreitung, es erleichtert meinen Arbeitsalltag. Ich kann heute im Café arbeiten, das macht Spaß. Das hat etwas von einem Bohemien; von Sartre, Camus oder de Beauvoir. Ich kann philosophieren, Kaffee trinken, recherchieren und schreiben − das geht mit dem Internet viel besser. Nur die richtige Balance zu finden, ist nicht leicht. Wenn ich schreibe, lasse ich das Telefon zu Hause und rufe E-Mails nur alle paar Stunden ab.«

Hodgkinson hat eine Akademie gegründet, die sich damit beschäftigt, wie man gut lebt. Das war schon immer eine Frage in der Philosophie, bis diese allzu sehr ins Akademische abdriftete. »Wer an Philosophie denkt, denkt an Fragen wie: Wenn ich aus dem Zimmer gehe, ist der Stuhl dann noch da, obwohl ihn niemand wahrnimmt?«, sagt Hodgkinson. »Für mich ist Philosophie weniger abstrakt, näher am Leben. Wie kann ich die Kontrolle über mein Leben haben, den Job kündigen, der mich aufreibt, flexibler werden? Das sind Fragen, mit denen wir uns beschäftigen.«

Hodgkinson schrieb Bestseller, aber vor vier Jahren reichten die Einnahmen nicht mehr, um davon leben zu können. Er übernahm in London ein Geschäft − eine Mischung aus Café und Buchhandlung. »Die Leute schrieben mir, dass sie mich einmal mochten, aber dass ich jetzt ein elender Kapitalist sei«, sagt er. In der Tat sei seine Arbeit einnehmend und schwierig, aber auch befriedigend. Er schreibe jetzt ein Buch, *Business for Bo-*

hemians, einen Ratgeber für Leute, die ihre Vollzeitjobs loswerden und ein kleines Geschäft gründen wollen.

Müßiggang ist heute noch ein Thema. Das war es immer schon, seit Jahrhunderten. »Das Internet zwingt uns, über Ablenkungen neu nachzudenken – und über Autonomie«, sagt er. »Die Arbeit verändert sich, die Leute schauen mehr auf sich. Wir werden weniger angestellt und abhängig sein und das ist etwas Gutes; es ist ein flexibles Arbeitsleben und das Internet hilft uns dabei.«

Freiheit und Müßiggang – in diesen Begriffen steckt so viel, sie sind so weitreichend, das sie alles umfassen, was mit dem Internet gut und was schiefläuft. Abhängigkeit, Erreichbarkeit, Überwachung, das steht im Gegensatz zu Flexibilität, Freiheit und Kreativität.

Der Himmel klarte auf unserem Campingplatz ein wenig auf, und die Wolken ließen ein paar Sterne durchscheinen. Die Venus, die Göttin der Sinnlichkeit, war zu sehen, und direkt vor uns wuchs das Lagerfeuer.

Am nächsten Tag wollten wir zurückfahren, nach Hause.

»Lass uns bleiben«, sagte Isa. Sie schaute uns alle an: Marco, der sein Würstchen drehte, Alex, der sich zurückgelehnt und seinen Kopf auf seinen Rucksack gelegt hatte, immer noch in der Kapuze des Anoraks versteckt, und mich, der im Schneidersitz dasaß, kleine Äste von ihrer Rinde befreite und ins Feuer warf.

Niemand widersprach.